FELIX BERTH

Die
Verschwendung
der Kindheit

FELIX
BERTH

Die Verschwendung der Kindheit

WIE DEUTSCHLAND SEINEN
WOHLSTAND VERSCHLEUDERT

BELTZ

www.beltz.de

1. Auflage 2011

Alle Rechte der deutschsprachigen Ausgabe
© 2011 Beltz Verlag, Weinheim und Basel
Umschlaggestaltung: www.anjagrimmgestaltung.de (Gestaltung),
www.stephanengelke.de (Beratung)
Umschlagabbildung: © Getty Images / David Stuart
Abbildungen Innenteil: © Felix Berth / Daniel Braun,
James Heckman / ifo-Institut
Satz und Herstellung: Nancy Püschel
Druck und Bindung: Beltz Druckpartner, Hemsbach
Printed in Germany

ISBN 978-3-407-85926-6

Inhalt

Vorwort

Deutschlands Kinder lernen zu wenig, sagen die Bildungsforscher. Deutschlands Eltern wissen nicht, wie man richtig erzieht, sagen die Lehrer. Deutschlands Familien werden immer ärmer, sagen die Ökonomen. Eine Bildungskatastrophe: Die Kinder kapieren nichts, die Eltern tun nichts, und der Staat schaut weg.

Doch stimmt dieses Bild überhaupt?

Wer sich zurücklehnt und mit ein wenig Distanz auf den Familienalltag in der Bundesrepublik blickt, sieht etwas anderes. Die meisten Eltern machen ihre Sache gut. Sie sind liebevoll, engagiert und kompetent. Ihre Kinder lernen viel, wissen viel, können viel. Ihre Kinder erleben ein besseres Familienklima als sämtliche Generationen zuvor. Sie behaupten sich in den Schulen und sehen viel von der Welt. Mag sein, dass sie sich in ein paar Jahren in einer unsicheren Arbeitswelt zurechtfinden müssen. Aber das Rüstzeug, das sie von ihren Müttern und Vätern dafür bekommen, ist oft hervorragend. Um solche Kinder müssen wir uns wenig Sorgen machen.

Deshalb gibt dieses Buch keine Antworten auf die Fragen, die sich Eltern andauernd stellen: Fördern wir die Kinder rechtzeitig und richtig? Verpassen wir ein wichtiges »Zeitfenster«, wenn der kleine Anton und die kleine Liv nicht schon im Kindergarten mit dem Englischunterricht beginnen? Sind wir Eltern von heute zu lasch – oder doch zu autoritär? Sollen wir unseren quengelnden Kids Computerspiele und teure Markenklamotten kaufen – oder erzeugt dieser Konsum von heute die Tyrannen von morgen? Antworten gäbe es. Doch letztlich sind die Fragen unwichtig.

Dieses Buch nimmt eine andere Perspektive ein. Es verlangt dem Leser ab, nicht ausschließlich an den eigenen Nachwuchs zu denken. Es fordert nicht einfach »mehr« Unterstützung für alle jungen Menschen und ihre Familien, sondern plädiert für eine Konzentration auf die, bei denen Hilfe nötig *und* wirksam ist. Es erzählt keine rührseligen Schicksalsgeschichten, sondern nutzt die Ergebnisse amerikanischer Ökonomen und britischer Psychologen, dänischer Soziologen und deutscher Armutsforscher, um sich mit den echten Risiken zu beschäftigen, denen ein Teil unserer Kinder ausgesetzt ist.

Wer die neuesten Befunde der Wissenschaftler zu einem Puzzle zusammenfügt, kommt zu einem erschreckenden Ergebnis: Einer wachsenden Minderheit von Kindern in Deutschland geht es miserabel. Diese Kinder leben ungesund, ungefördert, unverstanden. Diese Kinder müssen mit viel größeren Risiken zurechtkommen als ihre wohlhabenden Altersgenossen in den schöneren Teilen der Republik. Diese Kinder starten mit Defiziten ins Leben, die sie später nicht mehr aufholen. Um sie müssen wir uns kümmern.

Wenn wir das unterlassen, gefährden wir die Stabilität unserer Gesellschaft. Wissenschaftler haben in den letzten Jahren immer wieder festgestellt: Menschen, die schon als Kinder Armut und Ausweglosigkeit erlebt haben, werden es als Erwachsene schwer haben. Sie haben große Probleme, anspruchsvolle Jobs zu übernehmen, sie leben oft jahrelang von staatlicher Unterstützung, sie sind häufiger ernsthaft krank und nicht selten kriminell.

Was geht das uns an, kann man fragen. Wir Mittelschichts-Eltern tun doch alles für unsere Kinder – reicht das immer noch nicht? Doch diese Frage ist kurzsichtig. Ein Land, in dem sich eine chancenlose, frustrierte Unterschicht etabliert, ist weniger lebenswert für alle. Wenn man sein nettes Altbauquartier mit einer Bürgerwehr abschotten muss gegen randalierende Jugendliche aus den Problemvierteln, wird es für alle teuer und unangenehm. Wenn auf dem Arbeitsmarkt die Fachleute fehlen, spürt ein Land besonders stark, dass viele Kinder am Schulsystem gescheitert sind. Eine Gesellschaft, die sich nicht um diese Kinder bemüht, untergräbt ihr Fundament.

Es ist Zeit, sich der Welt dieser Kinder zuzuwenden. Noch haben wir die Chance, ihnen zu helfen. Denn auch das zeigen die Forscher: Hilfe kann so einfach sein. Sie muss nur früh genug beginnen und die richtigen Kinder unterstützen. Wie diese Hilfe aussehen muss und wie sehr die ganze Gesellschaft davon profitieren wird – das beschreibt dieses Buch.

Das ist eine Zumutung? Mag sein. Aber eine notwendige.

01 Der umgebaute Fahrstuhl
Aus der Traum: Der gemeinsame Aufstieg aller Bürger ist vorbei

Deutschland in den Fünfzigerjahren: Die Einkommen der Westdeutschen steigen. Das Land gleicht einem großen Fahrstuhl, der sanft aufwärtsgleitet. Hilfsarbeiter freuen sich über steigende Löhne, Lehrer am Gymnasium genießen den wachsenden Wohlstand, erfolgreiche Firmenchefs bauen ihre Unternehmen aus. Zwar bleibt der Abstand zwischen Arm und Reich ungefähr gleich, doch jeder Einzelne spürt, dass es finanziell allmählich besser wird. Der Fahrstuhl »Bundesrepublik« bringt alle Bürger gemeinsam nach oben. »Wohlstand für alle« nennt Wirtschaftsminister Ludwig Erhard sein berühmtes Buch. Und der Soziologe Helmut Schelsky prägt einen Begriff, der den Gebildeten im Land gut gefällt: In Westdeutschland entstehe eine »nivellierte Mittelstandsgesellschaft«, in der Klassenunterschiede bedeutungslos würden, schreibt er. Die Bundesbahn liefert dafür das perfekte Symbol: Im Sommer 1956 beschließt sie, die dritte Klasse in ihren Zügen aufzulösen. Die junge Republik lässt niemanden mehr auf den billigen Holzbänken klappriger Waggons sitzen. Die Klassengesellschaft ist abgeschafft.

Deutschland im Jahr 2011. Der Sozialdemokrat Heinz Buschkowsky reist durch die Talkshows und berichtet von verwahrlosten Kindern in Berlin-Neukölln. Sie besitzen einen eigenen Fernseher, doch manche haben keine Winterjacke, die sie im Januar bei minus fünfzehn Grad anziehen könnten. Sie mampfen am liebsten Fast Food und können nicht mehr unfallfrei geradeaus laufen. Sie verpassen Schulstunden, weil ihre arbeitslosen Eltern den Wecker nicht mehr stellen. Bürgermeister Buschkowsky bekommt viel Applaus, wenn er von der neuen Armut in seinem Stadtteil spricht. Sogar die Verfassungsrichter in Karlsruhe zeigen sich gelegentlich besorgt über das Schicksal der Hartz-IV-Kinder. Wohlstand für alle? Das Land staunt plötzlich: »Huch, wir haben eine Unterschicht!«

Der Fahrstuhl »Bundesrepublik« sieht inzwischen anders aus. Seit einem radikalen Umbau ist der Aufzug dreigeteilt. Eine Kabine für die Unterschicht ruckelt langsam abwärts; hier drängen sich die Chancenlosen. Schweigend und ängstlich registrieren sie, wie ihre Einkommen kontinuierlich sinken. Die Kabine der Mittelschicht steckt mit Motorschaden fest; hier breitet sich Statuspanik aus, und viele Bürger fürchten, dass sie bald ins Abteil der Ärmeren umsteigen müssen. Und eine dritte, eher luxuriöse Kabine gelangt gemächlich immer weiter nach oben – hier hat die Oberschicht Platz genommen. Die Klassengesellschaft ist zurückgekehrt. (Selbst die dritte Klasse in den Zügen gibt es wieder: Der moderne »Railjet« der Österreichischen Bundesbahn, der seit einiger Zeit von München über Wien nach Budapest fährt, hat zusätzlich zur ersten und zweiten Klasse einige besonders luxuriöse Plätze in neuen »Premium«-Abteilen. Das alte System ist wieder da.)

Die Rückkehr der Klassengesellschaft trifft die Kinder am härtesten. Jedes sechste Kind in Deutschland lebt vom Geld der Sozialämter; in armen Städten wie Berlin, Bremerhaven oder Schwerin ist es bereits jedes dritte. Jedes zehnte Kind schafft nicht einmal einen Hauptschulabschluss. Und die jüngste, im Jahr 2010 veröffentlichte Pisa-Studie zeigt wieder, dass in der Bundesrepublik etwa jeder sechste Jugendliche simple Aufgaben in Mathematik und Deutsch nicht bewältigen kann. Zwar ist die Zahl dieser Problemkinder inzwischen minimal niedriger als bei der ersten Pisa-Studie im Jahr 2000. Doch noch immer sind es viel zu viele, die schon bald zu den Verlierern gehören werden: In einer Arbeitswelt, die immer mehr Fähigkeiten und Fertigkeiten von den Beschäftigten verlangt, werden sie keinen Platz finden. Aus armen Kindern werden in wenigen Jahren arme, arbeitslose Erwachsene.

Die Grenzen zwischen den Lebenswelten sind in der neuen Klassengesellschaft kaum noch zu überwinden. Ein Kind, das im »falschen« Milieu aufwächst, hat wenig Chancen auf irgendeine Art von Aufstieg. Denn ihm fehlt die Unterstützung durch das Elternhaus, durch gute Kindergärten und gute Schulen. Bei den meisten Altersgenossen aus wohlhabenden Familien ist das völlig anders: Sie werden vom ersten Tag an gefördert. Die Soziologie nennt das – mit Verweis auf die Bibel – einen »Matthäus-Effekt«: Wer hat, dem wird gegeben.

Dieser Effekt ist gefährlich für alle Beteiligten. Wer kann schon prophezeien, wie sich die Ausgegrenzten in der neuen Klassengesellschaft verhalten? Wer sagt denn, dass in Karlsruhe, Duisburg oder Schwerin nicht bald die Autos brennen wie in den Pariser Vorstädten im Herbst 2005, als dort zornige Jugendliche aufbegehrten gegen die Polizei, die Gesellschaft und die eigene Chancenlosigkeit? Das ist die Reaktion auf zu viel Ungleichheit in einer Gesellschaft: Wer nichts hat, beginnt sich zu wehren. Der »Matthäus-Effekt« bedroht die Stabilität eines Landes.

Das sollte der Mittelschicht zu denken geben. Wenn sie dafür sorgen würde, dass die schwächsten Kinder mehr Chancen erhalten, wäre das auch ein Beitrag zur eigenen Sicherheit.

Aus einem weiteren Grund darf die Bundesrepublik kein Kind verloren geben: aus ökonomischer Vernunft. In den neuen Bundesländern klagen Personalchefs schon heute, dass sie keinen kompetenten Nachwuchs für ihre Firmen finden – sie bemerken voller Sorge, dass es kaum noch Schulabgänger gibt. Dieser demografische Trend wird auch Westdeutschland bald erfassen. Dann gilt erst recht: Jeder Jugendliche, der an den einfachsten Pisa-Aufgaben scheitert, ist ein Chancenloser zu viel.

Wie dringend das Land die Kompetenz derer brauchen wird, die heute in den Schulen versagen, zeigt ein Blick ins Jahr 2025. Die Kinder des Babybooms der 1960er-Jahre gehen dann allmählich in den Ruhestand. Wer übernimmt dann die Verantwortung in den Firmen? Wer sorgt für Innovationen, Wachstum, Wohlstand? Zu einem erheblichen Teil werden es Menschen sein, deren Eltern oder Großeltern nicht in Deutschland geboren wurden. Es sind die Migrantenkinder von heute: Sie machen derzeit in den Städten fast vierzig Prozent eines Jahrgangs aus. Sie müssen im Jahr 2025 zu den Eliten des Landes gehören. Gelingt das nicht, ist der Wohlstand der Republik gefährdet.

Diese Perspektive zeigt: Es mag auf den ersten Blick selbstlos wirken, wenn sich der wohlhabende Teil unseres Landes um die Problemkinder von heute kümmert. In Wirklichkeit sichert das die Stabilität und die Prosperität der Gesellschaft von morgen. Doch dieser Gedanke ist in Deutschland noch nicht mehrheitsfähig wie etwa in den skandinavischen Staaten. In der Bundesrepublik gilt Sozialpolitik noch immer als Verteilung von Almosen an Bedürftige – seit dem 19. Jahrhundert hat sich daran nicht viel geändert. Man übersieht gern, dass eine gute Sozialpolitik nicht nur Menschen in Notlagen hilft und deshalb aus moralischen Gründen gerechtfertigt ist. Eine gute Sozialpolitik gleicht einem Kitt, der eine Gesellschaft zusammenhält. Fehlt dieser Kitt, leiden Stabilität und Zusammenhalt. Dann wird es ungemütlich für alle.

Lass den Marshmallow liegen!

Wie aber hilft man den Kindern, denen die eigenen Eltern nicht helfen? Eine simple Strategie setzt auf Geld: »Der Sozialstaat muss die Unterschicht finanziell stärker unterstützen«, heißt eine Antwort, die in der Debatte über die neue Unterschicht zu hören ist. Das ist richtig und falsch zugleich. Richtig ist es, weil Chancen teuer geworden sind: Mit dem heutigen Hartz-IV-Satz können selbst sparsame Eltern ihren Kindern weder den Sportverein noch die Nachhilfestunden bezahlen. Doch Geld oder »Bildungspakete« allein werden diesen Kindern nicht helfen. Ihnen fehlt der »Hunger auf ein selbstbestimmtes Leben«, wie der Neuköllner Bürgermeister Buschkowsky sagt. Diesen Appetit weckt man nicht, indem man Fünfzigeuroscheine verteilt. Er wächst, wenn Kinder eine Aussicht auf ein besseres Leben haben. Sie müssen erfahren, dass sich Anstrengung lohnen kann. Sie brauchen das Gefühl, Einfluss zu haben auf die eigene Zukunft. Sie müssen lernen, Motivation zu entwickeln und Frustration auszuhalten. Mehr Geld für die Eltern hilft ihnen wenig.

Eine andere Hoffnung klammert sich an bessere Schulen. Schließlich, so diese Überlegung, beweisen die Pisa-Studien, wie schlecht das deutsche Bildungssystem ist. Etwa zwanzig Prozent der Fünfzehnjährigen haben Mühe, einfache Texte zu verstehen und simple Mathematik-Aufgaben zu lösen. Und nach zehn Jahren Pisa-Debatte hat sich herumgesprochen, dass in Deutschland das »richtige« Elternhaus entscheidend ist: Wächst ein Kind in einer gebildeten, wohlhabenden Familie auf, wird es mit hoher Wahrscheinlichkeit eine Universität besuchen. Stammt es aus einer »falschen« Familie, in der die Eltern weder Bücher noch ein passables Einkommen haben, endet seine Bildungskarriere wahrscheinlich an einer Hauptschule. Die Pisa-Forscher zeigen auch, dass diese »soziale Vererbung« in Ländern wie Finnland und Dänemark verschwunden ist. Die Konsequenz scheint klar zu sein: Deutschland braucht bessere Schulen. Das ist zwar richtig, doch es greift zu kurz.

Natürlich ist jedem Kind eine bessere Schule zu gönnen. Doch die vielen Reformen, die seit dem »Pisa-Schock« geplant und erprobt werden, setzen zu spät an. Sie übersehen, dass Erstklässler schon bei Schulbeginn mit extrem unterschiedlichen Kompetenzen starten. Einen ersten Hinweis darauf (in den Kapiteln 2, 8 und 9 folgen noch etliche mehr) liefert ein Experiment, das der amerikanische Psychologe Walter Mischel in den Sechzigerjahren machte: der Marshmallow-Test. Mischel wollte wissen, wie gut vierjährige Kinder auf Belohnungen warten können. Er bat seine kleinen Versuchspersonen einzeln in den Nebenraum eines Kindergartens, den er durch einen Einweg-Spiegel beobachten konnte. Mischel legte jedem Kind einen Marshmallow auf den Tisch und erklärte: »Der ist für dich. Du kannst ihn jetzt essen oder du kannst warten. Wenn du wartest, kriegst du später noch einen.«

Mischel verließ den Raum und filmte die Kinder. Alle wurden unruhig, denn die weiße Süßigkeit war sehr, sehr verlockend. Alle begehrten den klebrigen Klotz – und alle versuchten gleichzeitig, diesem Begehren zu widerstehen. Denn sie wollten ja nicht nur den einen, sondern auch einen zweiten Marshmallow.

Manche konnten sich zurückhalten und ließen zehn Minuten lang die Finger davon. Sie lenkten sich ab, indem sie sich Lieder vorsangen, um den Tisch herumhüpften oder die Hände vors Gesicht hielten. Einige knabberten am Marshmallow herum und klopften sich deshalb selbst auf die Finger; wieder andere hatten ihn schon nach ein paar Sekunden weggefuttert.

Mehr als zehn Jahre später plauderte Vater Mischel eines Tages beim Essen mit seinen drei Töchtern über das Experiment – schließlich hatten seine Kinder damals denselben Kindergarten besucht. Vater und Töchter redeten über die Lebenswege der anderen Kinder:»Wie geht es Jane? Was macht Eric? Wie gut sind die in der Schule?« Dem Forscher kam bald ein Verdacht: Kann es sein, fragte er sich, dass die Unterschiede von damals nach vielen Jahren noch Bedeutung hatten? Ist es möglich, dass diejenigen, die damals besser auf den zweiten Marshmallow warten konnten, auch als Jugendliche mehr Fähigkeiten und Kompetenzen hatten?

Die wichtigen Weichen

Mischel begann, nach den Kindern von damals zu forschen. Mit denen, die er fand, machte er psychologische Tests. Mit sensationellen Ergebnissen: Je länger ein vierjähriges Kind im Jahr 1968 warten konnte, umso erfolgreicher war es als Jugendlicher im Jahr 1981. Verglichen mit denen, die den Marshmallow sofort verschlungen hatten, konnten sich die geduldigen Kinder besser konzentrieren. Sie gaben bei frustrierenden Erlebnissen nicht gleich auf und wirkten auf ihre Eltern aufmerksamer und belastbarer. Und: Bei den Aufnahmetests der US-Universitäten erreichten sie bessere Ergebnisse. Das zeigt, dass schon bei einem kleinen Kind wichtige Weichen für das Leben gestellt sind. Wer als Vierjähriger auf dem richtigen Gleis unterwegs ist, wird als Zwanzigjähriger wahrscheinlich eine Strecke mit vielen Erfolgen hinter sich haben. Doch wenn die Weichen bereits früh falsch gestellt werden, wächst das Risiko rapide, dass sich ein Zwanzigjähriger auf einem Abstellgleis wiederfindet.

Mischels Experiment sollte jeden Schulreformer alarmieren. Selbst wenn Lehrer, Unterricht und Schulsystem erheblich besser wären, käme das für viele Kinder zu spät. Denn jeder Erstklässler trägt schon einen Rucksack mit Lebenserfahrungen herum. Wenn die frühe Kindheit gut lief, sind viele Fähigkeiten hineingepackt. Solche Kinder haben, wie Walter Mischel erkannte, gelernt zu warten. Sie durften neugierig sein und neugierig bleiben. Solche Kinder können sich präzise ausdrücken und haben stabile Bindungen an ihre Eltern entwickelt. Falls die frühe Kindheit aber schlecht läuft, fehlt in einem Kinderrucksack vieles: Die Bindung dieser Kinder an die Eltern ist schwächer; sie sind eher ängstlich als neugierig. Sie halten Frustrationen schlechter aus. Und sie essen den Marshmallow zu schnell.

Wenn Bildungsreformen bloß Schulen verändern wollen, ist das zu wenig. Denn man vergibt dabei die Chancen, die eine *frühe* Unterstützung der Kinder bringt. Psychologen, Ökonomen, Hirnforscher und Soziologen haben in den letzten Jahrzehnten Erstaunliches gelernt: Wir wissen inzwischen viel genauer, wie die Weichen in der frühen Kindheit gestellt werden. Wir wissen, welche Gleise zum Erfolg führen und welche nicht. Wir wissen auch, dass diese Weichen nicht von einem Zufallsgenerator gesteuert werden: Das wichtigste Stellwerk ist die Familie. Deshalb landen Kinder aus der Unterschicht in Deutschland viel häufiger vor einem Prellbock als Kinder aus der Mittel- und Oberschicht.

Wenn wir dieses Wissen nutzen, schwindet hoffentlich auch die Ahnungslosigkeit, mit der ein SPD-Vizekanzler vor einiger Zeit behaupten konnte: »Es gibt keine Schichten in Deutschland.«

Denn es gibt sie: die Kinder der neuen Unterschicht. Die Kinder auf dem Abstellgleis. Das Land muss sich schnell darüber klar werden, wie es darauf reagiert.

02 Das Wunder von Ypsilanti
Ein amerikanischer Kindergarten als eindrucksvolles Vorbild

Im Jahr 1962 begann in einer amerikanischen Kleinstadt ein Experiment. 58 Jungen und Mädchen aus einem armen Stadtviertel der Gemeinde Ypsilanti, Michigan, durften einen kostenlosen Halbtags-Kindergarten besuchen. Das Projekt war pädagogisch einigermaßen ambitioniert – revolutionär schien es nicht zu sein. Nach zwei Jahren war diese »Vorschule« beendet, und die Kinder wechselten in die erste Klasse der benachbarten Grundschule. Die Lokalzeitung *Ypsilanti Press* berichtete nicht über Auffälligkeiten, und auch Lokalpolitiker kamen nicht zu Besuch.

Im Jahr 2011 reist ein Nobelpreisträger um die Welt und verkündet, dass das Experiment von Ypsilanti lohnender sei als jede andere Form der Sozialpolitik: »Der Versuch hatte für alle Beteiligten ungeheure Vorteile – er war hilfreich für die Kinder und extrem lohnend für Staat und Gesellschaft«, sagt James Heckman, Nobelpreisträger für Ökonomie. Vierzig Jahre lang habe man die Kinder von Ypsilanti beobachtet, nun wisse man: Jeder Cent, den der amerikanische Staat einst investiert habe, sei jährlich mit sieben bis zehn Prozent verzinst worden. Jährlich!, ruft Heckman und sagt: Rentabler kann Politik nicht sein.

Irgendetwas muss in den fünf Jahrzehnten passiert sein.

Der Gründer und die Kinder

Die Kleinstadt Ypsilanti lebt von der Autoindustrie. Auf den Fließbändern im nahen Detroit ließ der Ingenieur Henry Ford in den 1920er-Jahren sein »Modell T« bauen; auch im westlichen Vorort Ypsilanti ging es damals wirtschaftlich aufwärts. Doch als die amerikanische Autoindustrie in den Fünfzigerjahren zu kriseln begann, litt auch die Gemeinde, die von ihren mehr als 20.000 Bewohnern gern »Ypsi« genannt wird. Die Arbeitslosigkeit stieg, die Armenquartiere wuchsen, die Straftaten häuften sich. »Ypsi« war längst nicht mehr so niedlich, wie der Name klingt.

David Weikart kam in den späten Fünfzigern hierher. Er hatte an der nahen »University of Michigan« Pädagogik und Psychologie studiert. Im Alter von 26 Jahren nahm er eine Stelle in der Schulverwaltung an; bald leitete er die Abteilung Sonderschulen. David Weikart interessierte sich für diejenigen, die am Schulsystem scheiterten. Meist waren es Jungen und Mädchen aus den ärmsten Vierteln im Südwesten der Stadt. Ihre Eltern waren Schwarze, die keine brauchbare Ausbildung und keinen Job hatten; nicht selten mussten die Mütter ihre Kinder allein großziehen, weil die Väter entweder abgehauen waren oder im Gefängnis saßen.

Weikart sprach mit Charles Eugene Beatty, dem ersten Afroamerikaner, der im US-Staat Michigan eine Schule leitete – die Perry Elementary School, die noch heute ihr Tor in der Perry Street Nr. 550 hat. Gemeinsam entwickelten die beiden einen Plan: Weikart und Beatty wollten schon Drei- und Vierjährige aus den schwierigsten Familien in einen zeitgemäßen Kindergarten holen; Vorschule – »Preschool« – hieß das damals auch in den USA. Die Pädagogen wählten 123 Kinder aus. Sie nahmen nur solche, deren Familien zu den ärmsten gehörten: Die Eltern hatten höchstens neun Schuljahre geschafft. Sie waren arbeitslos oder hatten allenfalls Jobs als

Hilfsarbeiter. Sie konnten sich nur kleine Wohnungen im Armenviertel von Ypsilanti leisten. Und schon im Alter von zwei bis drei Jahren schnitten ihre Kinder bei einem Intelligenztest schlecht ab.

Weikarts kluge Entscheidung

Am Anfang seines Experiments traf David Weikart eine wichtige Entscheidung. Er wollte überprüfen, ob seine Vorschule wirklich etwas brachte. Dafür wählte er eine der anspruchsvollsten Methoden, die die Sozialwissenschaftler kennen.

Weikart teilte die Kinder per Losentscheid in zwei gleich große Gruppen ein. Vorsichtshalber überprüfte er noch, ob die Gruppen sich in wichtigen Merkmalen unterschieden – was sie nicht taten: In beiden waren jeweils etwa gleich viele Jungen und Mädchen, in beiden ähnelten sich die Intelligenzquotienten der Kinder, in beiden war die soziale Lage der Eltern ähnlich. Somit konnte das Experiment starten.

Nun hatten diejenigen in der ersten Gruppe Glück. Sie durften wie geplant den Vorschul-Kindergarten besuchen. Die in der zweiten Gruppe hatten Pech. Sie wurden nicht zusätzlich gefördert.

Eine solche Aufteilung ist aus Sicht der Teilnehmer ziemlich ungerecht, weil der Zufall entscheidet, ob jemand besser oder schlechter wegkommt. Für Wissenschaftler ist das allerdings eine perfekte Methode, sichere Erkenntnisse zu gewinnen. Denn Forscher können nach einem solchen Experiment beobachten, ob sich die Gruppen unterschiedlich entwickeln. Tun sie das nicht, war die Intervention wirkungslos. Zeigen sich jedoch Unterschiede, weiß man, dass sie auf die Intervention zurückzuführen sind. Denn was sonst sollte die Unterschiede erklären?

Dieses Design des Experiments erlaubt es also, die lästige

Frage nach der Kausalität zu beantworten. Ohne die Kontrollgruppe wäre das längst nicht so einfach. Dann hätte man in Ypsilanti zwar vielleicht beobachtet, dass die Kinder nach der Preschool deutlich cleverer waren als vorher – aber wer weiß schon, wie sich die Kinder ohne Preschool entwickelt hätten? Vielleicht war gar nicht der Kindergarten entscheidend für die Fortschritte? Vielleicht hatte man einfach eine ganz normale Entwicklung von drei- und vierjährigen Kindern beobachtet? Wer mit Kontrollgruppen forscht – was zum Beispiel in der Medizin seit Langem üblich ist –, muss sich mit solchen Einwänden nicht herumplagen.

In den USA sind solche Studien auch in den Sozialwissenschaften seit Jahrzehnten verbreitet; in der deutschen Bildungsforschung kommt dieses Design inzwischen mit Verspätung an. (Manchmal wird dabei erschreckend deutlich, wie nutzlos die Arbeit von Pädagogen sein kann: Eine Stiftung des Bundeslandes Baden-Württemberg finanzierte im Jahr 2005 ein Programm zur Sprachförderung im Kindergarten. Wie in Ypsilanti entschied man sich für eine wissenschaftliche Begleitung durch eine Studie mit Experimental- und Kontrollgruppe. Doch nach zwei Versuchsjahren zeigte sich, dass die Förderung nichts gebracht hatte: Die Kinder, die an den Kursen teilnehmen durften, waren im Schnitt genauso schlecht in Deutsch wie diejenigen, die nicht dabei waren. Offensichtlich reicht es nicht, ein bisschen Sprachunterricht nebenbei zu veranstalten, wie es in Baden-Württemberg versucht wurde. Sprache lernen Menschen im alltäglichen Gebrauch – im »Sprachbad«, wie die Linguisten das nennen. Ein paar einzelne Stunden Unterricht bringen deshalb so viel wie eine Übung im Trockenschwimmen: nichts. Ein solches Ergebnis ist für diejenigen peinlich, die das Programm entwickelt haben – für Politiker und die Öffentlichkeit ist es jedoch hilfreich: So geht's nicht, erkennt man sofort.)

David Weikart entschied sich im Jahr 1962 für das anspruchsvolle Studien-Design. In den Jahrzehnten danach gelang es ihm und seinem Team, die Jungen und Mädchen nicht aus den Augen zu verlieren. Immer wieder rückten Weikarts Assistenten zu Befragungen bei den Kindern und ihren Eltern an: Am Anfang der Schulkarrieren kamen die Forscher noch jedes Jahr mit Fragebögen und Tests. Nach ein paar Jahren wurden die Abstände größer, aber die Forscher ließen nicht locker. Sie machten Interviews, als die Jugendlichen 15 Jahre alt wurden, und noch mal, als sie den 19. Geburtstag hinter sich hatten. Weiter ging es im Alter von 27 und schließlich sogar von 40 Jahren. Und die Wissenschaftler staunten jedes Mal, dass die Unterschiede zwischen der Experimental- und der Kontrollgruppe immer größer wurden.

Weniger Schwerverbrecher – wegen ein bisschen Kindergarten?

Verblüffend ist zum Beispiel, dass sich die beiden Gruppen hinsichtlich der Kriminalität unterscheiden. Als die Forscher des Perry-Preschool-Projekts in den Jahren 1999 bis 2002 loszogen, um die damals Vierzigjährigen zu befragen, mussten sie etliche Interviews im Gefängnis führen. Doch schnell fiel ein Unterschied auf: Im Gefängnis saßen seltener diejenigen, die als Kinder die Perry Preschool besucht hatten. Sechs Prozent von ihnen waren zum Zeitpunkt des Interviews inhaftiert. Bei der anderen Gruppe waren es wesentlich mehr: 17 Prozent.

Weikarts Nachfolger – der Chef hatte sich im Jahr 2000 in den Ruhestand zurückgezogen – ermittelten anhand von Polizeiakten und den Aussagen der Befragten im Detail, ob die Kinder von einst inzwischen kriminell geworden waren und welche Straftaten sie begangen hatten. Die Unterschiede zwischen beiden Gruppen waren dramatisch: ein Drittel weniger

Eigentumsdelikte in der Experimentalgruppe, ein Drittel weniger Gewaltverbrechen, halb so viele Morde und sechzig Prozent weniger Drogenkriminalität.

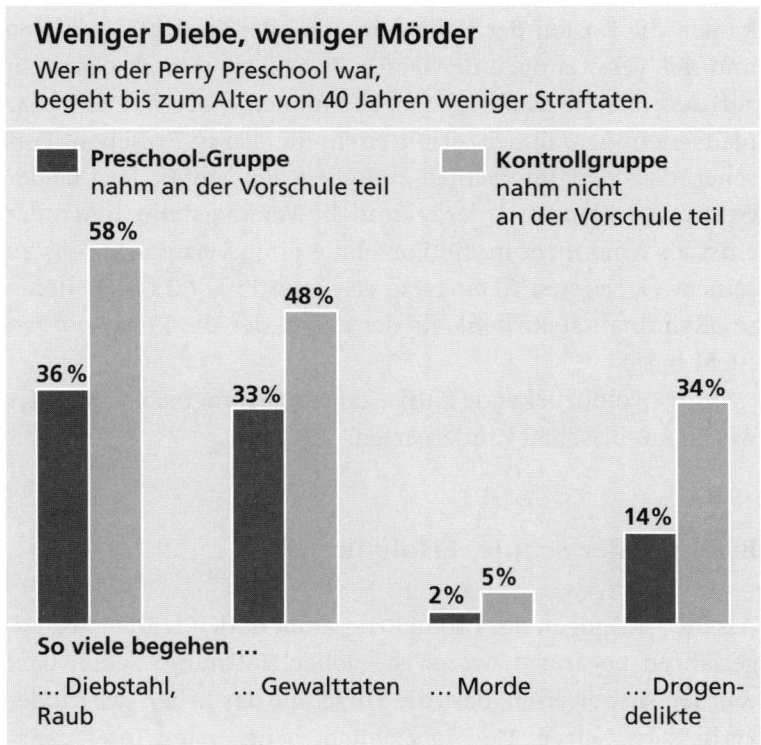

Weniger Diebe, weniger Mörder
Wer in der Perry Preschool war,
begeht bis zum Alter von 40 Jahren weniger Straftaten.

■ **Preschool-Gruppe**
nahm an der Vorschule teil
58%

■ **Kontrollgruppe**
nahm nicht
an der Vorschule teil

48%

36%
33%
34%

14%

2% 5%

So viele begehen ...
... Diebstahl, Raub   ... Gewalttaten   ... Morde   ... Drogendelikte

Schweinhart 2006

Entsprechend verteilten sich die Haftstrafen: Jungen aus der Perry-Vorschule waren bis zu ihrem vierzigsten Geburtstag im Schnitt 27 Monate inhaftiert – nicht gerade wenig. Doch diejenigen, die ohne Perry-Programm ins Leben starteten, kamen auf deutlich höhere Werte. Sie brachten es auf durchschnittlich 45 Gefängnismonate – fast doppelt so viele.

Und weil dem modernen Staat kaum etwas so teuer kommt

wie die Kriminalität seiner Bürger, schließen sich an dieser Stelle die ökonomischen Berechnungen an: Weikart und seine Kollegen kalkulierten, dass der amerikanische Staat pro Gefängnismonat eines Bürgers etwa 2.300 US-Dollar ausgeben musste, gerechnet in Preisen aus dem Jahr 2000. Dazu kamen die Kosten der Polizeieinsätze, der Gerichtsverfahren und der Verletzungen der Opfer. Zwar lässt sich all das nicht auf den letzten Dollar genau bestimmen, aber mit ein paar plausiblen Annahmen ermittelten die Perry-Preschool-Forscher, dass der Unterschied zwischen den Mitgliedern beider Gruppen enorm ist: Jeder männliche Versuchsteilnehmer, der einst als Kind *nicht* in die Vorschule ging, verursachte bis zu seinem vierzigsten Geburtstag etwa um 150.000 Dollar höhere »Kriminalitätskosten« als derjenige, der die Preschool besucht hatte.

Eine beeindruckende Zahl – doch man fragt sich: Das alles wegen ein bisschen Kindergarten?

Erfolg in der Schule, Erfolg im Leben

Als die Pädagogen mit ihrem Programm in den frühen Sechzigerjahren begannen, waren sie voller Hoffnung: Schon bald würden sie beweisen, dass die Vorschule das Leben der Kinder verbessern würde. Und tatsächlich, beim ersten Intelligenztest nach einem Jahr schnitten die Vorschul-Kids deutlich besser ab als diejenigen ohne Preschool. Doch dann kamen ernüchternde Jahre: Bei jeder weiteren Prüfung schwand der Vorsprung der Vorschul-Kinder. Als die Jungen und Mädchen acht Jahre alt waren, unterschieden sich die IQ-Werte der Gruppen kaum noch. Und beim zehnten Geburtstag der Kinder waren die Ergebnisse identisch. Eine riesige Enttäuschung: Offenbar hatte das Ganze doch nichts gebracht.

Einige Jahre lang ließen die frustrierten Wissenschaftler

die Kinder in Ruhe, erst nach deren 14. Geburtstag rückten sie wieder mit etlichen Fragebögen an. Sie überprüften den Wortschatz der Kinder, ihr Leseverständnis und ihre mathematischen Fähigkeiten. Und plötzlich stellten die Forscher fest, dass die Vorschul-Teilnehmer nun besser waren: Die meisten Kinder aus der Perry Preschool erreichten die zweitniedrigste von zehn Leistungsstufen. Das klingt ziemlich bescheiden – doch die anderen, die ohne Vorschule, blieben fast alle auf dem untersten Niveau stecken. Der Versuchsleiter Lawrence Schweinhart, der die Daten auswertete, wollte das zunächst gar nicht glauben:»Ich dachte, das muss ein Fehler sein«, sagte er später einmal.

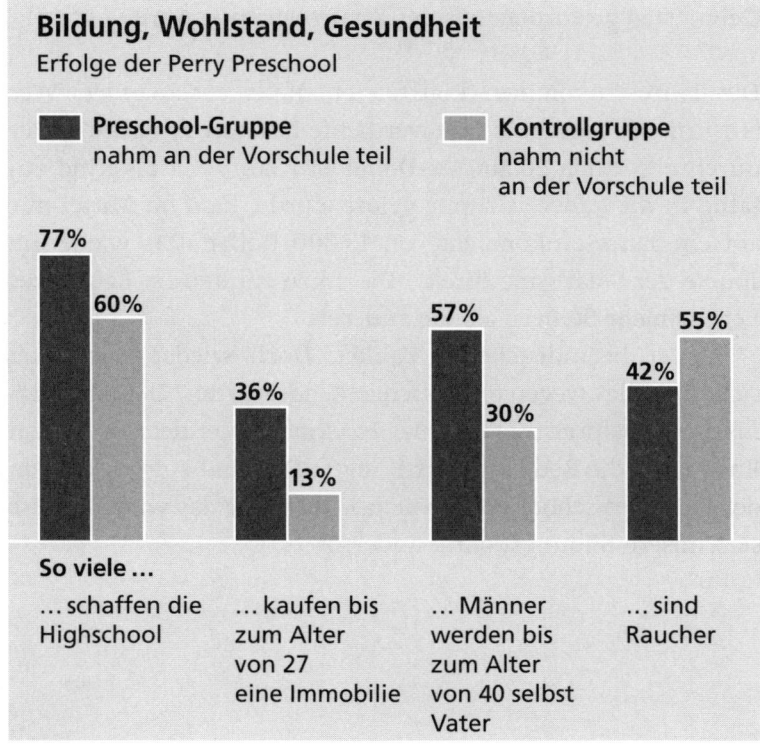

Bildung, Wohlstand, Gesundheit
Erfolge der Perry Preschool

Preschool-Gruppe
nahm an der Vorschule teil

Kontrollgruppe
nahm nicht
an der Vorschule teil

77%

60%

36%

13%

57%

30%

42%

55%

So viele ...

... schaffen die Highschool

... kaufen bis zum Alter von 27 eine Immobilie

... Männer werden bis zum Alter von 40 selbst Vater

... sind Raucher

Schweinhart 2006, Heckman 2008

Es war keiner. Denn die Wirkung der Vorschule wurde mit der Zeit immer deutlicher. Die Preschool-Kinder von einst – insbesondere die Mädchen – schafften häufiger einen High-school-Abschluss. Im Alter von 27 Jahren verdienten die Mitglieder der Preschool-Gruppe mehr Geld, hatten häufiger ein Häuschen gekauft und benötigten seltener staatliche Unterstützung. Auch wurden die jungen Frauen, die in der Vorschule gewesen waren, später seltener ungewollt schwanger und ließen weniger Kinder abtreiben. Noch ein paar Jahre später, nach dem vierzigsten Geburtstag, zeigte sich, dass die Männer öfter Vater geworden waren und seltener illegale Drogen nahmen. Selbst die Sterblichkeit unterschied sich: Aus der Vorschul-Gruppe waren zwei Menschen vor ihrem vierzigsten Geburtstag gestorben, aus der Kontrollgruppe waren es fünf.

Die Jahreseinkommen klafften ebenfalls auseinander. Wer einst in der Vorschule war, verdiente fast vierzig Jahre später durchschnittlich 20.800 US-Dollar pro Jahr; wer als Kind zufällig in die andere Gruppe gelost wurde, kam im Mittel nur auf ein Jahreseinkommen von 15.300 Dollar. Das wiederum spürte der Staat ganz direkt: Die einen zahlten im Lauf ihres Lebens mehr Steuern als die anderen.

Lauter beeindruckende Zahlen. Doch wieder fragt man sich: Das alles wegen ein bisschen Kindergarten? Der amerikanische Nobelpreisträger James Heckman, von dem in diesem Buch noch die Rede sein wird, sagt: »Das sind Auswirkungen der Perry Preschool von Ypsilanti. Weil wir das wissen, muss sich unsere Bildungspolitik ändern.«

03 Ein geteiltes Land
Der soziale Zerfall der Bundesrepublik

Ypsilanti ist weit, weit weg. Ein anderes Land, ein anderer Kontinent, eine andere Welt. Wäre hier im Jahr 1962 ein deutscher Pädagoge vorbeigekommen, hätte ihn das Perry-Preschool-Projekt wahrscheinlich nicht interessiert. Denn in Ypsilanti schien es doch um typisch amerikanische Probleme zu gehen. Gravierende Schulprobleme der Unterschichts-Kinder nahm in Deutschland damals niemand wahr. Eine diskriminierte schwarze Minderheit gab es ebenfalls nicht. Und die Unterschiede zwischen Arm und Reich waren in den Vereinigten Staaten doch viel krasser als hierzulande. Ungleichheit, Ausgrenzung, Diskriminierung – diese Themen interessierten in Deutschland damals keinen.

Im Jahr 2011 ist die Lage anders. In Berlin lebt jedes dritte Kind von Hartz-IV-Zahlungen, in armen Stadtteilen wie Neukölln oder dem Wedding ist ihr Anteil bereits auf zwei Drittel angestiegen. Bundesweit sind fast zwei Millionen Kinder unter 15 Jahren auf finanzielle Hilfe der Sozialämter angewiesen, das ergibt einen Bundesdurchschnitt von 16 Prozent. Ein Teil von ihnen lebt in ähnlichen Verhältnissen wie in der US-Stadt Ypsilanti in den Sechzigerjahren. Solche Zahlen zeigen: Zwanzig Jahre nach der Wiedervereinigung ist die Republik scharf geteilt – nicht durch eine Mauer von Nord nach Süd, sondern durch die Grenzen zwischen oben und unten.

Wenn die Ungleichheit wächst, klaffen auch die Möglichkeiten der Eltern immer weiter auseinander: Wohlhabende haben viel mehr Potenzial, ihre Kinder zu fördern, als Ärmere. Auch deshalb trennen sich die Lebenswelten der Kinder. Manche wachsen behütet, begütert und gefördert auf, während andere vor dem Fernseher im Wohnzimmer einer Sozialwohnung herumhängen. Manche haben Eltern, die ihnen abends Bücher vorlesen und am nächsten Tag wieder vorleben, dass es sich lohnt, zu arbeiten. Andere können nur beobachten, dass Papa und Mama streiten, wie sie das wenige Hartz-IV-Geld ausgeben sollen.

Momentaufnahmen der Armut

Der soziale Zerfall der Republik geschah zum größten Teil im letzten Jahrzehnt – also nicht zu Regierungszeiten des konservativen Helmut Kohl, sondern nach der Amtsübernahme durch Rot-Grün im Jahr 1998. Wer die Armutsberichte der Bundesregierung liest oder mit Markus Grabka, dem Experten des Deutschen Instituts für Wirtschaftsforschung, spricht, erkennt ein fatales Wachstum der Probleme seit den späten Neunzigern. Nun lässt sich das nicht allein den Koalitionspartnern des rot-grünen »Projekts« zuschreiben – denn in anderen europäischen Ländern waren die Trends ähnlich. Und doch verläuft die Entwicklung nicht zufällig: Die Jahre um die Jahrtausendwende waren die Zeiten von Liberalisierung, Deregulierung und Steuergeschenken; die deutsche Regierung unter dem Sozialdemokraten Gerhard Schröder entlastete hohe Einkommen durch Reformen. So waren es – in Deutschland wie in Europa – gute Zeiten für Menschen mit gutem Verdienst. Und schlechte Zeiten für die meisten anderen. Kein Wunder, dass sich die Schere zwischen Arm und Reich in den Industriestaaten öffnete: »Growing unequal« – »Zunehmend ungleich« – ist ein Bericht der OECD, der Organisation für wirtschaftliche Zusammenarbeit und Entwicklung, aus dem Jahr 2009 betitelt.

Gerade Kinder, Jugendliche und junge Erwachsene haben inzwischen »weit überdurchschnittliche Armutsrisiken«, wie Grabka sagt. Bereits jeder vierte junge Erwachsene hatte im Jahr 2008 ein Einkommen, das unterhalb der Armutsschwelle lag. Bei Kindern und Jugendlichen sind die Werte ähnlich schlecht – auch ihr Armutsrisiko ist in den letzten Jahren deutlich gestiegen. Und nicht einmal die wirtschaftlich guten Jahre vor 2008 haben an diesen Trends etwas geändert.

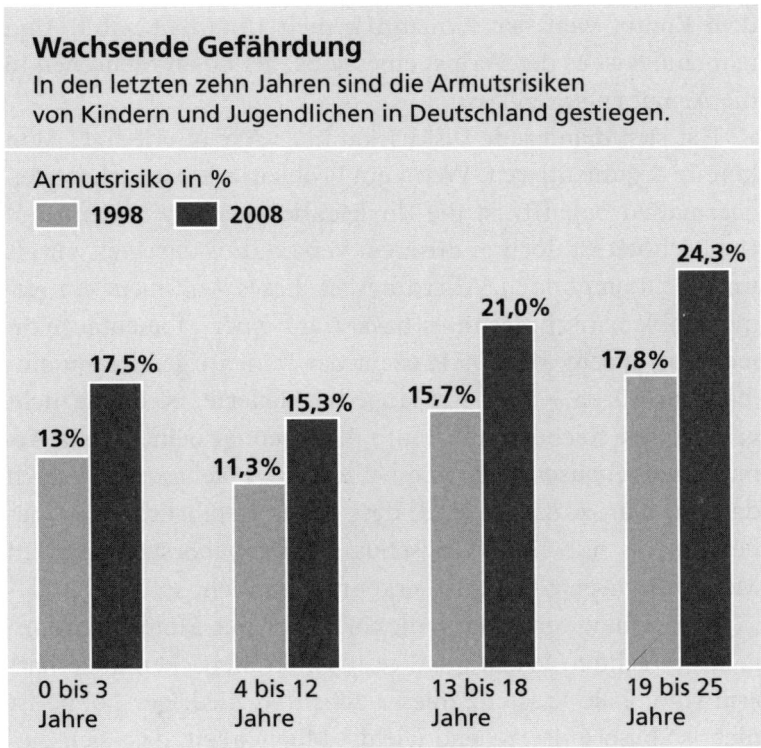

Wachsende Gefährdung
In den letzten zehn Jahren sind die Armutsrisiken
von Kindern und Jugendlichen in Deutschland gestiegen.

Armutsrisiko in %
1998   2008

| 0 bis 3 Jahre | 4 bis 12 Jahre | 13 bis 18 Jahre | 19 bis 25 Jahre |
| 13% / 17,5% | 11,3% / 15,3% | 15,7% / 21,0% | 17,8% / 24,3% |

Markus Grabka, DIW

Nun sollte man mit Armutsquoten vorsichtig umgehen. Der Soziologe Gøsta Esping-Andersen weist mit etwas Sarkasmus darauf hin, dass 95 Prozent aller Dänen irgendwann in ihrem

Leben schon einmal arm waren. Wohlgemerkt, der Dänen, nicht der Ukrainer oder der Senegalesen. Das wirkt absurd, ist aber plausibel. Denn die eine oder andere Episode der Armut gibt es im Leben beinahe jedes Erwachsenen. Manchmal schleicht sich die Armut ein, wenn ein Lehrling seine Ausbildung beginnt und nur ein winziges Gehalt bekommt. Manchmal muss eine Studentin eisern sparen, weil die Unterstützung ihrer Eltern gerade für den Einkauf bei Aldi reicht. Manchmal hat eine Frau nach der Scheidung eine Weile kaum Geld auf dem Konto, weil der Exmann keinen Unterhalt zahlt. Und manchmal ist es der Verlust eines Jobs, der einen Menschen in die Armut rutschen lässt.

Hat sich damit jede Diskussion über Armut erledigt? Man könnte argumentieren: Wenn ein Problem alle Menschen gleichermaßen betrifft, ist die Ungleichheit verschwunden. Und Ungleichheit ist doch in unserem Verständnis das, was wir als ungerecht empfinden. Allerdings ist dieses Argument ein wenig problematisch. Denn es basiert auf einer Momentaufnahme. Mag ja sein, dass 95 Prozent der Dänen irgendwann einmal arm waren – doch wie lange das dauerte, ist damit nicht gesagt. Eine solche Momentaufnahme genügt beim Thema Armut aber genauso wenig wie bei einem Verkehrsunfall: Auch da sieht man zunächst bloß, dass etwas Gefährliches geschehen ist. Ob nur eine Windschutzscheibe geborsten oder ein Mensch schwer verletzt ist, erkennt man nicht sofort.

Wer Armut verstehen will, darf nicht nur Momentaufnahmen betrachten. Wichtig ist, erstens, ob Menschen dauerhaft arm sind. »Die Existenz mieser Jobs und niedriger Löhne ist nicht so besorgniserregend wie die Möglichkeit, dass sich diese Zustände verfestigen und zum unausweichlichen Schicksal werden«, sagt Esping-Andersen. Und wichtig ist, zweitens, ob allmählich immer mehr Menschen in die Armut rutschen. Dann verändert eine Gesellschaft ihr Gesicht – sie mutiert von der Mittelstandsgesellschaft zur Klassengesellschaft.

Beides ist in der Bundesrepublik der Fall. Die Armut wuchert. Und sie hat die Betroffenen länger im Griff. So ist das Armutsrisiko der Bevölkerung zwischen 1998 und 2008 um etwa ein Drittel gestiegen, noch stärker – wie erwähnt – bei Kindern und Jugendlichen. Damit ist der Sturz in die Armut kein seltener Einzelfall mehr; er wird in der Bundesrepublik alltäglich und gewöhnlich, wie auch die Organisation für wirtschaftliche Zusammenarbeit und Entwicklung besorgt feststellt:»Seit dem Jahr 2000 haben in Deutschland Einkommensungleichheit und Armut stärker zugenommen als in jedem anderen OECD-Land«, heißt es in einer Bilanz von 2008. Immer mehr Menschen stecken für lange Zeit in Armut fest. Markus Grabka bemerkt bei seinen Auswertungen, dass der »Sockel« der dauerhaft Armen im letzten Jahrzehnt größer wurde: Im Jahr 1998 waren etwa sieben Prozent aller Deutschen zwei Jahre hintereinander arm. Im Jahr 2008 waren es schon mehr als zehn Prozent. Dies sind eben nicht die Lehrlinge und Studenten, die zwar kein Geld, dafür aber Hoffnungen und Perspektiven haben. Sondern es sind jene, denen es nicht gelingt, sich aus ihrer Notlage zu befreien. Sie finden mangels tauglicher Ausbildung keine Jobs mehr, sie leben jahrelang von staatlicher Unterstützung, sie geben die Hoffnung auf. Diese Armut lähmt Eltern und ihre Kinder.

Ein großer Graben

München-Schwabing, ein nüchterner Fünfzigerjahre-Wohnblock in einer lauten Straße. Martina Deuser lebt hier mit ihren zwei Töchtern. Fragt man sie nach ihren Einkünften, holt sie den Ordner mit der Korrespondenz heraus und legt den Bescheid der Arbeitsagentur auf den Tisch: Hartz IV, monatlich 367 Euro für sie plus 215 Euro für die jüngere Tochter sowie 251 Euro für die Ältere. Dazu 132 Euro Mehrbedarf für Alleinerziehende und – der größte Posten – 679 Euro für die Wohnung. Macht zusammen 1644 Euro. »Kindergeld wird verrechnet«, sagt sie, »und auch der Unterhalt, den der Vater zahlt.«

1.644 Euro pro Monat für eine arbeitslose Mutter mit zwei Kindern – ist das eine Chiffre für die Armut einer Alleinerziehenden? Oder für die Großzügigkeit des deutschen Sozialstaats?

Martina Deuser, die in Wirklichkeit anders heißt, führt den Besucher durch die Dreizimmerwohnung. Sechzig Quadratmeter Grundfläche, Kinderfotos im Flur. Zwei winzige bunte Mädchenzimmer mit Ikea-Betten (»Von Freunden geschenkt«, sagt die Mutter). Eine schmale Küche, ein kleines Zimmer für die Mutter mit Bücherregalen an der Wand. Wohnlich und freundlich wirkt alles, aber in seiner Enge überhaupt nicht großzügig.

Natürlich fühlt sie sich arm, sagt die 31-Jährige und rechnet vor: 745 Euro Warmmiete für die Wohnung, 80 Euro für die Ganztagesschule der größeren Tochter, 30 Euro Essensgeld für den Hort der kleineren. 64 Euro für ihre Bahn-Monatskarte. Bleiben 725 Euro. Davon zahlt sie Strom, Versicherungen, Telefon, Internet und ein bisschen was für Schulden aus ihrer früheren Ehe. Und so kommt sie zum Ergebnis, dass sie pro Woche maximal hundert Euro ausgeben kann, für Essen, Kleidung, Schulsachen und alles, was die Kinder sonst noch brauchen.

Martina Deusers Biografie verdeutlicht, wie leicht jemand in die Armutsfalle gerät, wenn die Kindheit schwierig und die Schullaufbahn holprig ist. Deuser stammt aus einer Familie mit Sozialhilfe-Tradition. Den Vater kennt sie nicht, die Mutter bezieht seit Jahrzehnten Stütze. Als Martina 14 Jahre alt ist, flüchtet sie nach München, lebt auf der Straße. Sie landet in einem Wohnheim, besucht die Hauptschule, schafft den

Abschluss, scheitert aber an den Mathe-Aufgaben im »Quali«. Eine Lehre bricht sie ab, dann kommt das erste Kind. Sie ist 19 Jahre alt.

Die junge Frau will alles anders machen als ihre Mutter, trotzdem läuft vieles ähnlich: die frühe Mutterschaft, die schlechte Ausbildung, die jahrelange Abhängigkeit von den Sozialämtern. Wenn Martina Deuser von ihrer Mutter spricht, rückt sie die Unterschiede in den Mittelpunkt. Die Mutter habe sich mit ihrem Schicksal abgefunden, sagt die Tochter. »Wenn sie einen Job angeboten bekommt, stellt sie sich blöd an«, damit sie bald wieder auf dem Sofa sitzen kann. »Genau das will ich keinesfalls.« Woran man sieht, dass 1.644 Euro beides sein können: ein Anreiz zum Aufgeben oder zum Dranbleiben.

Beim Erzählen von ihren prekären Jobs und ihrer Lieblingsliteratur (»Michael Ende, Tolkien, Frank Schätzing«, sagt sie) spricht sie mit einer Präzision, die längst nicht jeder Abiturient erreicht. Sie sieht, wie schlecht ihre Chancen auf dem Arbeitsmarkt sind, und gibt doch nicht auf, was wohl viel mit ihren Kindern zu tun hat. Denn die beiden, die heute sieben und elf Jahre alt sind, sollen es einmal besser haben. Das freilich ist mit 1.644 Euro schwierig zu finanzieren. Der Karatekurs, den die Freundinnen der größeren Tochter machen, bleibt ein Traum. Die Kunstprojekte in der »Schule der Fantasie« sind zu teuer, auch die Nachhilfestunden, wenn es in der Schule hakt. Sie selbst, sagt Martina Deuser, hätte mit dem wenigen Geld keine großen Schwierigkeiten – »Aber mir tut es so leid, wenn für meine Töchter so vieles unmöglich ist.«

Der Wohlstand der Wohlhabenden

Armut, so definieren die Sozialwissenschaftler, ist etwas Relatives. Arm ist nach einer OECD-Definition, wer weniger als sechzig Prozent des mittleren Einkommens eines Landes hat. Wer arm ist, mag genug zu essen haben. Doch schmerzlich bemerken Menschen wie Martina Deuser den Abstand zum wohlhabenden Teil der Gesellschaft: »Viele andere verfügen über doppelt so viel Geld wie ich« – das ist ihre alltägliche Perspektive.

Leicht übersieht man dabei den Zusammenhang zwischen Armut und Reichtum. Denn in Armut geraten Menschen nicht allein, weil ihre Einkommen bröckeln – es kann schon genügen, wenn der Verdienst der Wohlhabenden steigt. Ein Gedankenspiel soll das verdeutlichen: Angenommen, die Einkommen der reichsten zehn Prozent der Bundesbürger würden sich verdoppeln, während alle anderen Einkommen konstant blieben. Obwohl in diesem Szenario niemand Verluste hätte, stiege die Armutsquote an. Denn der Einkommenssprung der Reichsten zieht das mittlere Einkommen nach oben – und plötzlich gelten einige als arm, die vor Kurzem noch zur Mittelschicht gehörten.

Beide Entwicklungen – das Sinken der niedrigen Einkommen und das Ansteigen der hohen – kennzeichnen die deutsche Wirtschaftsgeschichte des letzten Jahrzehnts. So sanken die Realeinkommen der unteren dreißig Prozent zwischen 1998 und 2008; gleichzeitig stiegen die Bezüge der Spitzenverdiener – also der oberen zehn Prozent – um etwa ein Drittel, inflationsbereinigt selbstverständlich. »Irgendwann in den letzten zehn Jahren wurde es akzeptabel, dass manche Banker oder Manager nicht fünfmal so viel wie ihre Mitarbeiter verdienten, sondern fünfzigmal so viel«, sagte der Ökonom Anthony Atkinson, der für seine Arbeiten über Armut und Reichtum von der britischen Queen geadelt wurde, in einem Interview mit der *Welt* im Dezember 2009. Ein Banker in Frankfurt am Main »fühlt sich seinen Kollegen in New York inzwischen näher als seinen Nachbarn«, stellte Atkinson fest.

Die Eintausend-Euro-Kita

Wenn die Einkünfte der Menschen auseinanderdriften, ändern sich ihre Möglichkeiten, die eigenen Kinder zu unterstützen. Wohlhabende Eltern entdecken derzeit die Vorzüge des privaten Schulsystems. Immer häufiger schicken sie ihre Kinder auf Privatschulen – das statistische Bundesamt ermittelte einen Zuwachs um 50 Prozent innerhalb der letzten 15 Jahre. Inzwischen geht es dabei längst nicht mehr um den Klassiker »Privatgymnasium«: Weil ambitionierte Eltern den frühen Start in das Bildungssystem der Bessergestellten bevorzugen, boomen seit einigen Jahren vor allem private Grundschulen. Und wer es ganz exklusiv mag, der wird Kunde bei einem Kindergarten wie »Elly & Stoffl« in München. Hier reden Erzieherinnen in zwei Sprachen mit den Kindern; die Zweitsprache kann Englisch oder – auf Wunsch der Eltern – sogar Französisch sein. Eine Biosauna bei wohligen 60 Grad soll die Abwehrkräfte der Kleinen steigern. Essen und Getränke stammen natürlich vom Biosupermarkt, und die Erzieherinnen machen regelmäßig »Themenstunden zu den Bereichen Musik, Kunst, Naturwissenschaften, Bewegung und Ernährung«.

Geöffnet ist wochentags von sieben bis 19 Uhr – das Kind kann so lange bleiben, wie die hart arbeitenden Eltern es wünschen. Sogar Übernachtungen sind möglich. Abgerechnet wird pro gebuchte Stunde. Für einen Vierjährigen, der täglich von neun bis 16 Uhr bleibt, verlangt »Elly & Stoffl« pro Monat 810 Euro. Bei einem Krippenkind kann die Summe tausend Euro übersteigen. Das Angebot trifft auf Interesse: Die Firma hat bereits die zweite Filiale in München eröffnet. Auch Potsdam hat schon einen Nobel-Kindergarten. Er residiert in einem Gründerzeit-Palast nahe den Villen von Günter Jauch und Wolfgang Joop. »Villa Ritz« heißt das Unternehmen, das begüterten Eltern ein Traumprogramm für die Kinder bieten will: Einzelunterricht an Gitarre, Flöte, Klavier oder Geige. Professionelle Vorlesestunden. Kleines Schwimmbad im Haus. Regelmäßige Entwicklungsstandberichte für die Eltern. Dreitausend Quadratmeter Grundstück. Zweisprachige Erzieher. Kosten: bis zu tausend Euro im Monat.

Ein brauner und ein schwarzer Schuh

Die andere Welt ist gar nicht so weit entfernt. Das Problemviertel von München heißt Hasenbergl – es ist gerade mal zwölf U-Bahn-Stationen von »Elly & Stoffl« entfernt. Und von der Potsdamer »Villa Ritz« nach Berlin-Neukölln braucht man ebenfalls weniger als eine Stunde. Dort trifft man dann Kinder von Einwanderern, die gar nicht erst in den Kindergarten geschickt werden. Am ersten Schultag kommen sie in ihre Klassenzimmer und sprechen zwei Sprachen, die sie beide nicht richtig beherrschen. Sie verlassen ihren Kiez fast nie – und der Neuköllner Bezirksbürgermeister Heinz Buschkowsky stellt besorgt fest, dass an manchen seiner Schulen neunzig Prozent der Eltern »von den Zuzahlungen zu den Lernmitteln befreit sind«, wie das in der Behördensprache heißt.

Buschkowsky, ein streitbarer Sozialdemokrat, kann anschaulich schildern, was sich hinter dieser bürokratischen Formel verbirgt: »Das bedeutet, dass so gut wie kein Elternteil aller Kinder dieser Schule in einem regelmäßigen Erwerbsleben steht. Die Kinder kennen teilweise niemanden mehr, der morgens aufsteht und arbeiten geht. Das schlägt sich im Schulalltag nieder. Teilweise kommen die Kinder pünktlich oder auch schon einmal eine halbe oder eine ganze Stunde zu spät oder auch gar nicht zur Schule. Sie kommen mit einem braunen und einem schwarzen Schuh. Die Jeans über die Schlafanzughose gezogen. Die Haare sind nicht gekämmt und im Winter haben sie bei minus 15 Grad auch schon einmal Sandalen und ein T-Shirt an. Zu essen haben sie oft gar nichts, maximal eine Tüte von Burger King; denn das Einzige, was die Mutter oder der Vater am Vorabend noch geschafft haben, war, einen Fünfeuroschein hinzulegen.«

Man könnte es sich leicht machen und Buschkowsky als Polemiker abtun, der nur an Schlagzeilen interessiert ist. Doch Neuköllns Probleme gibt es auch im Rest der Republik – weniger drastisch vielleicht, aber im Prinzip ähnlich. So hat jede alte Industriestadt ihre schwierigen Quartiere: Duisburg-Marxloh zum Beispiel, die Innenstadt-Nord in Dortmund, den Stadtteil Lichtenhagen in Rostock oder die Südstadt in Nürnberg. In den Jahrzehnten der Industrialisierung waren dies Arbeiterviertel, im 21. Jahrhundert sind daraus die Arbeitslosenviertel geworden. Kinder leben hier riskanter als Gleichaltrige in den bürgerlichen Straßen. In einer Stadt im nördlichen Ruhrgebiet, die der Soziologe Klaus Peter Strohmeier untersucht hat, war bei der Einschulung nur jedes achte Kind vollkommen gesund; etwa ein Drittel der türkischen Jungen hatte im Alter von sechs oder sieben Jahren starkes Übergewicht. Im wohlhabenden Süden der gleichen Stadt war das anders. Hier waren vier von fünf Kindern bei der ersten Untersuchung der Schulärzte gesund. Übergewicht gab es kaum, auch bei türkischen Kindern nicht.»Nicht die Nationalität der Kinder macht den Unterschied, sondern ihre Adresse«, stellte Strohmeier fest.

Wer raucht – und wer ist dick?

Wer das Freibad eines armen Stadtviertels besucht, wundert sich wahrscheinlich über die zahlreichen dicken Kinder, die dort am Beckenrand stehen und nur mühsam schwimmen können. Aber: Stecken hinter der Wahrnehmung vielleicht bloß die eigenen Vorurteile? Wer nachmittags am Tor einer

Hauptschule steht, bemerkt, dass jeder zweite Jugendliche zur Zigarette greift, sobald er das Schulgelände verlässt. Aber: Ist das am Gymnasium nebenan nicht genauso? Um einen besseren Eindruck zu bekommen, lohnt es sich, einen Kinderarzt zu fragen. Ulrich Fegeler zum Beispiel. Er hat seine Praxis in Berlin-Spandau, einem Bezirk, der in den letzten Jahren auf der sozialen Skala ziemlich weit abgerutscht ist. Fegeler kann anschaulich vom fünfjährigen Oliver erzählen, der »Roch« sagt, wenn er »Frosch« sagen will. Oder von Mike, ebenfalls fünf Jahre alt, der weder auf einem Bein stehen kann noch rückwärts laufen noch einen Ball fangen. »Aber er kann ganz toll auf dem Gameboy spielen«, hörte Fegeler Mikes Mutter sagen.

Der Kinderarzt beobachtet in seiner Praxis seit Jahren, dass die Schwierigkeiten der Kinder zunehmen. Allerdings gilt das längst nicht für alle Kinder, sondern nur für einen Teil: für die aus armen, überforderten Familien. Die Zahl der Therapieversuche steigt mit den Schwierigkeiten, doch oft hat Fegeler den Eindruck, dass Kinderärzte nicht wirklich heilen können: »Medizinische Fördermaßnahmen können familiäre Ursachen nicht beseitigen«, sagt Fegeler. Er weist auf die alarmierenden Feststellungen der Berliner Schuleingangsuntersuchung von 2003 hin: »Etwa die Hälfte der türkischstämmigen Kinder spricht und versteht – selbst wenn sie in Deutschland geboren wurden – so wenig Deutsch, dass sie dem Grundschulunterricht nur mit größten Schwierigkeiten folgen kann.« Bedrohlich, findet Fegeler.

Nun könnte man einwenden: Berlin ist nicht Deutschland. In der Provinz und in vielen anderen Städten könnte die Situation doch viel besser sein. Das mag zwar graduell richtig sein. Doch im Jahr 2007 ist auch diese Hoffnung zerstoben. Damals erschienen die ersten Auswertungen des »Kinder- und Jugendgesundheitssurveys«. Dafür hatten Forscher 18.000 Kinder befragt und ärztlich untersucht. Sie ermittelten Ausbildung, Beruf und Einkommen der Eltern; entsprechend wurden die Kinder drei Schichten zugeordnet: einer mit hohem, einer mit mittlerem und einer mit niedrigem sozialen Status. Die Ergebnisse, die Thomas Lampert vom Robert-Koch-Institut zusammengestellt hat, zeigen dramatische Unterschiede:

* Es beginnt schon in der Schwangerschaft. In der Unterschicht raucht jede dritte werdende Mutter – ein Phänomen, das es in der Oberschicht kaum gibt: Dort raucht nur eine von 13 Schwangeren. Das Geburtsgewicht von Babys aus der Unterschicht ist signifikant niedriger als das Geburtsgewicht der übrigen Babys. Tendenziell gilt dabei: Ein Baby mit höherem Geburtsgewicht übersteht die Risiken der ersten Lebensmonate besser.

* In der Oberschicht begegnet man fast keinen dicken Kindern – dort ist nur etwa jedes 25. Kind fettleibig. Ganz anders, wenn die Eltern wenig verdienen und schlechte Jobs haben: In der Unterschicht ist bereits jedes siebte jugendliche Mädchen (und jeder neunte Junge) fettleibig. Wobei Fettleibigkeit, auch Adipositas genannt, nicht nur ein paar Kilo zu viel meint, sondern sehr weit oben auf der Waage beginnt: Nach dieser Rechenweise ist ein Mädchen, das 13 Jahre alt und 1,70 Meter groß ist, erst adipös, wenn es mehr als 70 Kilogramm wiegt. Im Alter von 16 Jahren liegt die Grenze dann bei 81 Kilogramm.

* Zu den Vorsorgeuntersuchungen beim Kinderarzt kommen Eltern aus der Unterschicht wesentlich seltener. Knapp die Hälfte aller Kinder von Einwanderern erscheint nicht bei sämtlichen vorgegebenen Terminen.

* Auch Verdachtsfälle von Magersucht und Bulimie sind ungleich verteilt. Mehr als jedes dritte Mädchen der Unterschicht berichtet von Fress-Attacken mit anschließendem Erbrechen oder von Hungerzeiten mit rapidem Gewichtsverlust. In der Oberschicht zeigen nur halb so viele Mäd-

chen ein auffälliges Essverhalten. (Jungen sind insgesamt etwas seltener essgestört – doch sie holen auf, und auch bei ihnen ist der Unterschied zwischen Arm und Reich sehr groß.)

• In der Unterschicht greift jedes fünfte jugendliche Mädchen täglich zur Zigarette. In der Oberschicht sind es dreimal weniger. (Bei Jungen ist der Unterschied nicht so stark ausgeprägt, aber dennoch deutlich.) Auffällig ist dabei, dass Kinder aus Migrantenfamilien insgesamt wesentlich seltener rauchen – jedenfalls bisher.

• Jeder sechste Junge aus der Unterschicht gilt laut Kinder- und Jugendgesundheitssurvey als verhaltensauffällig oder als psychisch auffällig. In der Oberschicht ist es nur jeder zwanzigste. Bei den Mädchen ist der Unterschied noch deutlicher.

• Mehr als ein Viertel der Unterschichts-Jugendlichen war im Jahr vor der Untersuchung mindestens einmal gewalttätig. In der Oberschicht fanden die Forscher 15 Prozent gewalttätige Jugendliche.

Das Vorurteil vom dicken Unterschichts-Jungen, der früh mit dem Rauchen anfängt und öfter mal seine Mitschüler verprügelt, mag übertrieben sein. Denn natürlich sind nicht alle so. Doch richtig ist, dass die Lebenswelten markant anders sind: Kinder aus der Unterschicht führen in Deutschland ein anderes Leben als Gleichaltrige aus »besseren« Elternhäusern.

Das Bild wird komplett, wenn man die Väter und ihr Engagement bei der Kindererziehung betrachtet: In Dänemark, den USA und in Großbritannien hat sich in den letzten Jahrzehnten die Zeit, die Väter mit ihren Kindern verbringen, verdoppelt bis verdreifacht. Doch dieser Trend erfasst nicht alle Schichten. Es sind vor allem Väter aus der Mittel- und der Oberschicht, die sich stärker um ihre Kinder kümmern. In der Unterschicht hat sich kaum etwas bewegt. Solche Studien existieren für Deutschland leider nicht – aber nichts deutet darauf hin, dass die Ergebnisse anders ausfallen würden als etwa in Dänemark. Dort verbringen Väter mit höherer Schulbildung etwa fünfmal so viel Zeit mit ihren Kindern wie Väter mit niedrigem Schulabschluss. Fünfmal so viel! Was ein präsenter Vater den Kindern bringt, kann man sich leicht vorstellen: Er gibt andere Anregungen als die Mutter, er erweitert den Horizont des Kindes, er fordert auf andere Weise heraus. In den allermeisten Fällen werden die Kinder davon enorm profitieren.

All diese Unterschiede zeigen, wie sehr sich die Lebenswelten zwischen den Schichten unterscheiden. Und die Annahme liegt nahe, dass es Kindern in wohlhabenden Familien deutlich besser geht als in ärmeren. Die Frage ist bloß: Wie antwortet eine Gesellschaft darauf?

Die andere Normalität

Eine Antwort ist der Appell. »Ändert euren Lebensstil«, lautet die von Lehrern, Politikern und Talkshow-Teilnehmern gern gebrauchte Mahnung an dicke, rauchende oder magersüchtige Kinder. Dieser Hinweis auf die Verantwortung jedes Einzelnen ist nicht verkehrt. Schließlich wird niemand gezwungen, ausschließlich Pommes, Döner oder Currywurst in sich hineinzustopfen. Und wer eine Zigarette rauchen will, muss sie a) kaufen, klauen oder schnorren, b) in den Mund stecken, c) anzünden und d) den Rauch inhalieren. Das alles kann man tun – oder man kann es lassen.

Trotzdem kommt man mit der Zuweisung von Schuld nicht weit, gerade wenn es um Kinder und Jugendliche aus der Unterschicht geht. Denn diese Kinder wachsen in einer Welt auf, in der manches »normal« ist, was anderswo ungewöhnlich ist. In einer »normalen« deutschen Unterschichts-Familie versteht sich die Mutter als »Versorgerin der Familie«, sagte die Ernährungswissenschaftlerin Uta Meier-Gräwe in einem Interview mit der *Süddeutschen Zeitung* im Februar 2009. Diese Frauen kochen, was ihre Männer verlangen (sofern die Männer noch zur Familie gehören) – und das ist fast immer ein ordentliches Stück Fleisch auf dem Teller. »Essen steht in diesen Familien für Wohlstand; es kompensiert, dass diese Familien oft eher schlechte Chancen, zum Beispiel im Beruf, haben«, sagt Meier-Gräwe. Die Mengen an Fleisch, die hier gegessen werden, sind enorm – auch wenn die Männer nicht wie im Frühkapitalismus körperlich schuften, sondern Lkw-Fahrer sind. »Dem Entstehen von Übergewicht kann man in diesen Familien fast zuschauen«, sagt Meier-Gräwe. Was aber, so fragt man sich, nützt der Hinweis an die 15-jährige übergewichtige Tochter aus einer Unterschichts-Familie, dass sie für ihr körperliches Wohlbefinden selbst verantwortlich ist?

Auch vieles andere, was im Rest der Republik als Ausnahme gilt, ist in den Armutsvierteln Deutschlands »normal«. Eine »normale« Familie besteht hier aus einer alleinerziehenden Mutter, die ihre Kinder irgendwie durchbringt. Ihre Söhne und Töchter lernen früh, dass »normalerweise« das Geld vom Sozialamt kommt und dass man dafür »normalerweise« nicht arbeitet. Die Erfahrung von Arbeitslosigkeit und Perspektivlosigkeit ist »normal«, auch die Erfahrung von Gewalt und Unsicherheit im öffentlichen Raum, stellte der Soziologe Klaus Peter Strohmeier fest, der in vielen Armutsregionen des Ruhrgebiets unterwegs war. Er ist immer wieder entsetzt, wie viel Resignation und Rückzug er dort erlebt: »Die Einstellung der Menschen zur Welt ist unter diesen Voraussetzungen Misstrauen und ein geringes Selbstwertgefühl«, so Strohmeier. Im Alltag dieser Familien, das zeigt der »Kinder- und Jugendgesundheitssurvey«, dominieren die Schwierigkeiten: »Es gibt in armen Familien öfter Stress und weniger Harmonie, das Familienklima gibt weniger Ankerpunkte zur Entwicklung von festem Vertrauen, wechselseitiger Wertschätzung, Verhaltenssicherheit, von positiver Grundstimmung und Lernlust«, bilanziert der Gesundheitsforscher Rolf Rosenbrock.

Zukunft auf dem Abstellgleis

Kinder aus armen Familien sind Realisten. Sie lernen früh, dass die Welt nicht auf sie gewartet hat. Wenn sie von einer schönen Zukunft träumen, wissen sie, dass ihr Traum sich – höchstwahrscheinlich – nicht erfüllen wird. So sind ihre Schulpläne von erschreckender Vorsicht geprägt: Nur jedes fünfte Kind aus der Unterschicht nennt als Schulziel das Abitur. In der Oberschicht tun dies 76 Prozent, ermittelten die Interviewer der World-Vision-Kinderstudie im Jahr 2010.

Seit dem »Pisa-Schock« weiß man, dass diese Erwartungen in Deutschland in Erfüllung gehen. In keinem anderen Industrieland hängt der Schulerfolg eines Kindes so stark von der Bildung und dem kulturellen Kapital der Eltern ab. (Eine der Pisa-Fragen an die Fünfzehnjährigen lautet: »Wie viele Bücher gibt es bei dir zu Hause?« In Deutschland und den USA erlauben die Antworten sehr exakte Vorhersagen, wie gut ein Schüler bei den Testfragen sein wird. In Finnland sagt die Bibliothek der Eltern sehr wenig über den Schulerfolg eines Kindes.) »Soziale Vererbung« nennen die Bildungsforscher diesen Effekt: Deutsche Kinder, die in Familien mit hohem sozialem Status aufwachsen, erreichen Pisa-Ergebnisse wie die Testsieger in Finnland. Doch die Kinder der Unterschicht landen auf dem Niveau von Mexiko oder der Türkei, stellt die OECD fest. Man kann es auch einfacher sagen: Der Sohn des deutschen Oberstudienrats wird wieder einen akademischen Beruf ergreifen, die Tochter von türkischen Einwanderern wird Pflegehelferin im Altersheim.

Kein Wunder, dass den Kindern der Unterschicht der »Hunger auf ein selbstbestimmtes Leben« fehlt, wie der Neuköllner Bürgermeister Buschkowsky sagt. Diesen Hunger müsste man bei den Kindern wecken. Möglichst früh. Und bei möglichst vielen.

In Ypsilanti ist das gelungen. Die Frage ist, ob es auch in Deutschland gelingen wird. Derzeit sieht es nicht danach aus. Und das ist ein Armutszeugnis für die Republik: Wenn die Kinder der Unterschicht ihre Chancen verpassen, geht das ganze Land ein riesiges Risiko ein.

04 Karriere ins Abseits
Eine Kindheit in Armut und ihre Folgen

Ein Gedankenspiel. Was wird aus einem Kind, das im Jahr 2012 geboren wird und in Armut aufwächst? Wir lassen diese Geschichte in Neuaubing spielen, einem Stadtviertel am westlichen Stadtrand Münchens. Hier betrieb die Bundesbahn jahrzehntelang ein Ausbesserungswerk, in dem Lokomotiven und Waggons repariert wurden. Die Männer, die dort in den Fünfzigerjahren schufteten, waren gelernte Dreher, ausgebildete Schweißer oder sie putzten die Abteile. Ihre Frauen sorgten für den Haushalt und die Kinder; nebenbei verdienten sie ein paar Mark, indem sie Wäsche bügelten oder im Neuaubinger Wienerwald-Lokal Hendl brieten. In den einfachen Genossenschafts-Wohnblocks kannte man sich: Die Nachbarn waren oft Kollegen. Und Umzüge waren selten.

Doch Neuaubing änderte sich. Als die Stadt in den Sechzigerjahren rasant wuchs, sollte auch dieses Viertel moderner werden. Das jedenfalls wünschten sich Planer und Politiker. Sachliche, achtstöckige Wohntürme entstanden, mit großen Balkonen, die um das ganze Haus herumliefen. Natürlich hatte jedes dieser neuen Gebäude eine Zentralheizung und fließend warmes Wasser – ein Luxus, den es in den alten Häusern des Viertels längst nicht überall gab. Eine Schule mit zeitgemäßer Betonfassade entstand, ein Einkaufszentrum, eine Buslinie. Die Stadtplaner gaben sich Mühe, ein offenes, helles Quartier zu schaffen. Viele Wohnungen waren Sozialwohnungen; sie sollten schicker sein als alles, was bisher hier gestanden hatte.

Im Januar 2012 wird hier eine junge Frau schwanger. Michaela ist 23 Jahre alt und schon in Neuaubing aufgewachsen. Aus dem Muster-Stadtteil von einst ist ein »sozialer Brennpunkt« geworden. Viele Einwanderer leben hier; sie sind oft arbeitslos und häufig arm. Michaela wohnt in einer eigenen Sozialwohnung, seit sie vor zwei Jahren aus der Sozialwohnung ihrer Mutter ausgezogen ist. Anderthalb Zimmer, 39 Quadratmeter im sechsten Stock eines Wohnblocks. Eine Lehre als Floristin hat Michaela abgebrochen; seit einiger Zeit jobbt sie in einem Drogeriemarkt. Ihr Einkommen ist ein bisschen besser als Hartz IV. Michaela geht gern auf Partys, und ein Baby wollte sie eigentlich nicht unbedingt bekommen. Aber weil sie mit ihrem Freund Justin schon ein Jahr lang zusammen ist, findet sie das Kinderkriegen vielleicht doch nicht so schlecht. Viel erreichen wird sie in ihrem öden Job sowieso nicht. Michaela nimmt sich vor, wegen der Schwangerschaft das Rauchen aufzuhören. Es gelingt ihr immer nur für ein paar Wochen.

Kevins schwieriger Start

Im September 2012 kommt ihr Sohn zur Welt. Zwei Wochen vor dem Termin, den der Arzt ausgerechnet hat. Michaela nennt ihren Sohn Kevin, weil der Name so weltgewandt klingt. Dass vor einiger Zeit eine Wissenschaftlerin nach einer Umfrage unter Lehrern geschrieben hat, Kevin sei kein Name, sondern eine Diagnose, hat Michaela nicht gelesen. Sie will das Beste für ihr Kind, und sie gibt sich Mühe. Mit ihrem Freund, der ein paar Wochen vor der Geburt in ihrer kleinen Wohnung eingezogen ist, redet sie manchmal übers Heiraten. Wenn die beiden sich streiten, denkt Michaela daran, ihn rauszuschmeißen.

Michaela will ihr Kind stillen, weil das ein netter Arzt im Krankenhaus empfohlen hat. Doch es klappt oft nicht, und sie selbst braucht nachts auch mal Schlaf. Nach zehn Wochen gibt sie das Stillen auf. Kevin, das zeigt sich bald, ist kein einfaches Kind. Michaela hat den Eindruck, er würde nie schlafen und ganz viel schreien. Tagsüber hat sie das Gefühl, einigermaßen zurechtzukommen. Aber jede zweite Nacht ist furchtbar. Dann brüllt Kevin so lange, bis er vor Erschöpfung heiser wird und einschläft. Ihr Freund nörgelt in diesen Nächten herum, und irgendwann trommelt dann die türkische Mama aus der Nachbarwohnung an die Wand. Michaela fühlt sich schuldig, alleingelassen und wütend. Als sie in einer dieser Nächte ihr eigenes Baby hochhält und es anschreit, erschrickt sie: Das hatte sie doch nicht gewollt. Michaela nimmt sich vor, sich besser zusammenzureißen. Fast immer gelingt es ihr.

Als Kevin anderthalb Jahre alt ist, sieht der Junge am liebsten fern. Jeden Nachmittag laufen die bunten Kinderprogramme, und Michaela ist froh, dass sie dann mal durchschnaufen kann. Den Vater hat sie hinausgeworfen: Der viele Streit war nicht mehr auszuhalten. Nun bringt sie den kleinen Kevin oft zu ihrer Mutter, obwohl sie mit ihr auch häufig Stress hat. Michaela lebt von Hartz IV, und weil sie vom Amt auch den Unterhaltsvorschuss für ihr Kind bekommt, ist ihre finanzielle Lage halbwegs erträglich. Obwohl sie manchmal schon sehr knausern muss, wenn sie mit einer Freundin ausgeht.

Als Kevin drei Jahre alt ist, kann er einfache Sätze sagen. Der Kinderarzt murmelt bei der U 6, dass das nicht gerade viel sei; außerdem sei Kevin für sein Alter und seine Größe ziemlich dick. Michaela ist kurz davor, den Arzt anzublaffen, dass ihn das nichts angehe. Doch sie hält den Mund. Diese Ratschläge braucht sie in Zukunft nicht mehr, denkt sie, und kommt zu keiner Vorsorgeuntersuchung mehr. Kevin blättert in dieser Zeit manchmal in einem Kinderbuch, aber die TV-Folgen von »Bernd das Brot« interessieren ihn doch mehr. Und Vorlesen findet Michaela irgendwie peinlich.

Als Kevin vier Jahre alt ist, überlegt Michaela, ihn zum Kindergarten anzumelden. Sie geht einmal bei der städtischen Kita vorbei, doch sie ärgert sich, dass man dort nur dienstags empfangen wird: Offenbar haben diese Erzieherinnen in ihren Beamtenjobs keine Kundschaft nötig, denkt sie zornig. Kevin schläft jetzt nachts fast immer durch. Vor allem, wenn er in Mamas Bett sein darf, klappt das gut. Tagsüber spielt er mit den türkischen Jungs aus der Nachbarwohnung. Manchmal klingen einzelne Wörter so, als hätte Kevin eine türkische Mutter. Aber das passiert selten, sagt Michaela.

Als Kevin fünf Jahre alt ist, wird die Betreuerin vom Sozialamt ungeduldig und drängelt Michaela, einen Halbtagsjob anzunehmen. Michaela geht noch mal beim Kindergarten vorbei. Die Erzieherin ist überraschend nett und sagt, es sehe gar nicht so schlecht aus. Aus Neuaubing zögen ständig Leute weg, da werde sicher bald ein Platz frei. Im Alter von fünf Jahren und fünf Monaten kommt Kevin dann in den Kindergarten. Ihn einzugewöhnen dauert länger als normal. Aber dann gefällt es ihm gut, nur das Essen mag er nicht. Er wünscht sich mehr Pommes und weniger Gemüse. Eine Erzieherin sagt, Kevin müsse »sprachlich gefördert« werden. Michaela findet das zwar nicht, aber sie hat nichts dagegen. Vielleicht nützt es dem Kind etwas. Und sie selbst hat damit ja keinen Stress.

Der Realismus dieser Geschichte

Damit ist diese Geschichte im Jahr 2017 angekommen. Kevin ist noch nicht in der Schule – und es lohnt sich, diese Fantasie auf ihre Realitätstauglichkeit zu überprüfen: Was ist daran übertrieben, was ist wahrscheinlich?

* Ziemlich sicher ist, dass Kevin nicht in eine Kinderkrippe geht. Denn in Westdeutschland gibt es immer noch wenige

Plätze für unter Dreijährige. Das wird sich bis 2013 zwar bessern, aber nicht vollständig beheben lassen. Und die raren Krippenplätze ergattern häufig Eltern mit besseren Einkommen, wie Untersuchungen der Bildungsökonomin Katharina Spieß zeigen. Selbst wenn Kevins Mutter wollte, hätte sie kaum Chancen auf einen Krippenplatz. Denn Alleinerziehende auf Kita-Suche werden von Behörden oft genauso behandelt wie Doppelverdiener-Paare.

- Realistisch ist, dass Kevin als Dreijähriger nicht in den Kindergarten geht. Nur die Hälfte aller Dreijährigen, deren Eltern bloß die Hauptschule geschafft haben, kommt in eine Kita, belegt eine Studie des Deutschen Jugendinstituts. Denkbar, aber nicht extrem wahrscheinlich ist, dass Kevin sogar an seinem fünften Geburtstag noch nicht in der Kita ist. Das trifft laut DJI auf zwanzig Prozent der Kinder armer Eltern zu.

- Eher unwahrscheinlich ist, dass Kevin aus einer deutschen Familie kommt. Denn in Stadtteilen wie Neuaubing stammt mehr als die Hälfte der Kinder aus Familien von Einwanderern. Es hätte also einiges dafür gesprochen, Kevin türkische, italienische oder kroatische Eltern anzudichten. Diese Familien schicken ihre Kinder deutlich später in die Kitas.

- Plausibel ist, dass Kevin schon so früh viel fernsieht. Etwa jedes fünfte Kind schaut schon im Alter von einem Jahr regelmäßig fern, stellt Maya Götz vom Internationalen Zentralinstitut für das Jugend- und Bildungsfernsehen fest. Dass dies meist Kinder der Unterschicht sind, lässt sich mit deutschen Daten nicht belegen. Amerikanische Ergebnisse von Victoria Rideout deuten aber darauf hin.

- Möglich ist, dass Kevin als Baby nächtelang schreit: Schreibabys sind häufiger in gestressten Familien anzutreffen, zeigen Untersuchungen von Psychologen und Psychiatern wie Mechthild Papousek.

- Dass Kevins Mutter nicht gerne vorliest, ist eines der wenigen unwahrscheinlichen Details dieser Geschichte. Zwar sagen 37 Prozent der Kinder in Deutschland, ihnen werde nie vorgelesen – und unter diesen Kindern könnte auch Kevin sein. Doch Vorlese-Muffel gibt es in allen Schichten, ergab eine Befragung der Stiftung Lesen. Damit ist es wahrscheinlicher, dass Kevin unter den 63 Prozent der Kinder ist, denen doch vorgelesen wird.
- Sehr wahrscheinlich ist, dass es in dem Stadtviertel viele Umzüge gibt, wegen derer schnell ein Kindergartenplatz frei wird. Zwar ist das für München nicht untersucht, aber der Soziologe Klaus Peter Strohmeier hat es für die Armutsquartiere der Stadt Essen nachgewiesen: Dort fluktuiert jedes Jahr die Hälfte der Bevölkerung.

Wie also startet der kleine Kevin seine Schulkarriere? Wie sieht der Rucksack aus, mit dem dieser Sechsjährige loszieht? Um das zu beantworten, empfiehlt sich ein Blick auf die Liste der Risikofaktoren, die die Ärzte des »Zentralinstituts für seelische Gesundheit« in Mannheim erstellt haben. Manfred Laucht und andere Wissenschaftler haben dort »Hochrisikofamilien« untersucht, um herauszufinden, welche problematischen Faktoren im Leben kleiner Kinder sich wie stark negativ auswirken. In Kevins Leben gab es etliche davon.

Risikofaktor 1: Die Mutter wollte nicht schwanger werden.
Risikofaktor 2: Sie ist schlecht ausgebildet.
Risikofaktor 3: Die Wohnung ist klein.
Risikofaktor 4: Die Mutter erzieht Kevin allein.

Und gerade die Kombination der Risiken, so stellen die Mannheimer Wissenschaftler fest, ist gefährlich. Mit jedem zusätzlichen Problem steigt die Wahrscheinlichkeit, dass Kevin als Zehnjähriger zu den schwierigen, »psychisch auffälligen« Kindern gehören wird. Leicht wird er es nicht haben.

Begegnung in Neuaubing

Ein persönlicher Exkurs. Die Geschichte spielt nicht zufällig in Neuaubing. Dort lebte in den Jahren 1966 bis 1972 ein kleiner Junge in einer Genossenschaftswohnung. Seine Familie gehörte zu den vielen Profiteuren von Wirtschaftswunder und Bildungsexpansion. Seine Großeltern waren – bald nach dem Ersten Weltkrieg – noch auf die Hauptschule gegangen. Die Generation seiner Eltern besuchte nach dem Zweiten Weltkrieg bereits die Realschule. Er selbst sowie seine Cousins kamen in den Siebzigerjahren aufs Gymnasium; sie alle durften in den Achtzigerjahren studieren.

Jahrzehnte später kam der Junge von damals wieder nach Neuaubing, diesmal als Journalist einer großen süddeutschen Zeitung. Er sollte in der hässlichen betonierten Hauptschule neben den hässlichen betonierten Hochhäusern von seinem Beruf erzählen.»Schule und Zeitung« hieß das Projekt. Einen Vormittag lang redete er von der Arbeit in einer Zeitungsredaktion. Die Neuntklässler hörten interessiert zu (jedenfalls kam es ihm so vor). Am Schluss erwähnte er, dass er selbst als Kind in Neuaubing gelebt habe. Nun war der Beifall der Schulklasse groß: Die 15- bis 17-jährigen Jugendlichen jubelten und trommelten auf die Schulbänke. Endlich begegneten sie jemandem aus ihrem Stadtviertel, dem der Aufstieg gelungen war.

Nach dem Gespräch kam ein Junge zu dem Journalisten. Schmächtig, schüchtern, sehr klein. In seinen dunklen Haaren war viel Gel; seine Sprachmelodie ließ erkennen, dass er türkische Eltern hatte. Dieser Junge erzählte von seinen vielen Bewerbungen um einen Ausbildungsplatz, die alle erfolglos waren. Und er erzählte sehr leise von seinem Traumjob: Er wollte so gerne eine Lehre als Schuhverkäufer machen.»Aber das wird wohl nichts«, sagte er traurig.

An der Stelle zuckte der Journalist zusammen. Schuhverkäufer? Wenn das sein Traum ist – wie sieht dann seine Realität aus? Der Journalist rügte sich für seinen Snobismus. Er traf den Jungen nicht wieder. Doch immer wieder denkt er an ihn und wünscht ihm, dass er es zum Schuhverkäufer gebracht hat.

Die gefährdeten zwanzig Prozent

Kevins Biografie ist eine Fiktion. Doch wie viele solcher fünfjährigen Kevins, Mandys und Ayses gibt es in der Bundesrepublik? Die ehrliche Antwort ist: Wir wissen es nicht genau. Jahrzehntelang interessierte sich in Deutschland nämlich kaum jemand dafür, was in der frühen Kindheit passiert. Bildung, so dachte man, beginne erst in der Schule. Deshalb beschäftigte sich kaum ein Forscher mit dem Lernen der »Kleinen« vor dem sechsten Geburtstag. Und niemand fragte nach denen, die schon *vor* ihrem Schulstart viel zu wenig lernen.

Das hat sich in den letzten Jahren geändert. Derzeit entdecken viele Wissenschaftler das Thema »frühe Kindheit« – Hirnforscher, Psychologen, Soziologen, Ökonomen. In den nächsten Kapiteln wird davon die Rede sein. Doch wenn man etwas über die Zahl der Risikokinder wissen will, wird man keine exakte Angabe finden. Also muss man ein paar Puzzleteile zusammensuchen und ist auf das angewiesen, was über ältere Kinder bekannt ist: Bei ihnen ist bereits sichtbar, was alles schiefgegangen ist. Das Bild, das dabei entsteht, ist wissenschaftlich nicht perfekt. Aber es ist einigermaßen präzise – und es ist erschreckend.

So stellt der Bildungsbericht 2010 fest, dass jährlich etwa 65.000 Jugendliche die deutschen Schulen ohne Hauptschulabschluss verlassen. Mehr als die Hälfte davon war zuvor auf den Sonderschulen, die anderen haben es auf normalen Schulen versucht, sind aber dort gescheitert. Das ist eine Minderheit – aber eine, die beunruhigende Dimensionen hat: Es waren im Jahr 2008 fast acht Prozent aller Schulabgänger, so der Bildungsbericht.

Schon diese Quote müsste Politiker, Pädagogen und Eltern alarmieren. Doch die Zahl gibt nicht die ganze Wahrheit wieder. Dazu kommen diejenigen, die die Hauptschule zwar schaffen, aber danach nicht weiterkommen, weil sie keine Lehrstelle finden. Das dürften weitere zehn Prozent eines Jahrgangs sein, hat Heike Solga vom Wissenschaftszentrum Berlin (WZB) berechnet. Das heißt: Etwa jedes fünfte Kind scheitert beim Einstieg in die Arbeitswelt.

Auch auf einem anderen Weg lässt sich seit ein paar Jahren abschätzen, wie groß die Risikogruppe tatsächlich ist: mit den Ergebnissen der Pisa-Tests. Hier sollen 15-jährige Jugendliche Aufgaben in den Bereichen Leseverständnis, Naturwissenschaften und Mathematik lösen. Fünf Kompetenzstufen können sie erreichen. Lesekompetenz-Stufe eins bedeutet zum Beispiel, dass ein Jugendlicher aus einem simpel geschriebenen Text Informationen aufnehmen kann. Stufe fünf bedeutet, dass er fähig ist, auch komplexe Texte zu verstehen und Zusammenhänge herzustellen.

Wenn einfachste Aufgaben zu schwierig sind

Wie ein solcher einfacher Text aussieht, soll ein Beispiel aus einem Pisa-Fragebogen zeigen. Zu lesen sind zwei Texte über Graffitis. Im ersten schreibt ein fiktives Mädchen namens Helga, dass sie »vor Wut kocht, weil die Schulwand gerade zum vierten Mal gereinigt und frisch gestrichen wird, um Graffiti wegzubekommen«. Es sei armselig, architektonische Kunstwerke mit Graffiti zu verschandeln, außerdem zerstöre das Sprayen die Ozonschicht. Im zweiten Text entgegnet ihr ein anderes Mädchen, über Geschmack lasse sich streiten: »Die Gesellschaft ist voll von Kommunikation und Werbung. Firmenlogos, aufdringliche Plakate in den Straßen. Sind sie akzeptabel? Ja, meistens. Sind Graffiti akzeptabel? Manche Leute sagen ja, manche nein. Wer zahlt den Preis für das Graffiti? Wer zahlt letzten Endes den Preis für die Werbung? Richtig! Der Verbraucher. Haben die Leute, die Reklametafeln aufstellen, dich um Erlaubnis gebeten? Nein. Sollten also die Graffiti-Maler dies tun?«

Nach Lektüre dieser Texte sollten die Fünfzehnjährigen korrekte Aussagen ankreuzen. Der Fragebogen gab vier Antwortmöglichkeiten vor: Die Absicht der beiden Mädchen sei a) zu erklären, was Graffiti sind, b) Meinungen zu Graffiti zu äußern, c) die Popularität von Graffiti zu beweisen oder d) den Leuten mitzuteilen, wie viel ausgegeben wird, um Graffiti zu entfernen.

Keine sonderlich schwierige Aufgabe, denkt man. Doch selbst an solchen Aufgaben scheitert eine große Gruppe der deutschen Schüler. So kam im Jahr 2006 heraus, dass acht Prozent von ihnen simpelste Texte wie diesen nicht verstehen – sie erreichen nicht einmal die Kompetenzstufe eins. Weitere zwölf Prozent gelangen zwar auf diese Kompetenzstufe, doch auch sie gelten noch als Risikogruppe. Das bedeutet: Zwanzig Prozent der Fünfzehnjährigen verstehen bestenfalls sehr einfache Texte. Besonders problematisch sind in Deutschland die Lese-Leistungen der Jungen. Von ihnen zählt sogar jeder Vierte zur Risikogruppe. Bei den anderen Themenfeldern sieht es nicht besser aus: In der Mathematik sind die deutschen Risikogruppen genauso groß, beim Themenbereich »Naturwissenschaft« sind die Werte einen Hauch besser.

Schulabschlüsse und Pisa-Resultate ergeben ein Puzzlebild: Jeder Fünfte scheitert an der Schule. Jeder Fünfte scheitert an einfachen Aufgaben. Und jedes sechste Kind lebt in Armut, wie die Ökonomen feststellen. Die drei Gruppen – Schulversager, Testversager, arme Kinder – decken sich nicht vollständig. Doch die Schnittmenge dürfte sehr, sehr groß sein. Diese Jugendlichen »marschieren ziemlich sicher in den sozialen Untergang«, wie der Journalist Harald Martenstein im April 2010 im Berliner *Tagesspiegel* schrieb. Das sind zu viele für ein Land, das vor demografischen und ökonomischen Herausforderungen steht.

Die dreckigen Jobs verschwinden

Jahrzehntelang konnte ein ungelernter Arbeiter einigermaßen sicher sein, eine Stelle zu finden. Er musste zwar die dreckigen, gefährlichen und schlecht bezahlten Arbeiten übernehmen und stand häufiger in der Warteschlange des Arbeitsamts als andere, deren Ausbildung besser war. Doch gerade in einfachen Männerberufen genügte körperliche Kraft, um ein halbwegs passables Auskommen zu sichern.

Diese Zeiten sind vorbei. Tausende dieser simplen Jobs sind in den letzten Jahrzehnten verschwunden. Der Bergbau schrumpft, die Bauern brauchen weniger Helfer. Chemieindustrie, Stahlkonzerne und Autofirmen ersetzen viele Menschen durch wenige Maschinen. In den Jahren zwischen 1991 und 2003 verschwanden fast eine Million Arbeitsplätze für Ungelernte. Der Trend wird sich fortsetzen, prognostiziert Holger Bonin vom Zentrum für Europäische Wirtschaftsforschung: Im Jahr 2020 dürfte der Arbeitsmarkt – im Vergleich zu 2003 – weitere 800.000 Ungelernte weniger benötigen.

Gleichzeitig steigt der Bedarf an qualifiziertem Personal. Die Computerbranche wächst. Techniker sind ebenso gesucht wie Wissenschaftler; das Gesundheitssystem braucht mehr Ärzte und Apotheker. Auch die Berufsfelder der Sozialarbeiter und Kaufleute wachsen. Dieser Trend der letzten Jahrzehnte wird sich in den nächsten Jahren und Jahrzehnten fortsetzen, nehmen Bonin und alle anderen Arbeitsmarktforscher an.

Bloß: Die Nachfrage der Firmen nach hoch qualifiziertem Personal stößt schnell an Grenzen, wenn jeder fünfte Schüler einen simplen Text nicht versteht.

Der Wartesaal

Schon heute knirscht es auf dem Arbeitsmarkt. Immer, wenn ein Ausbildungsjahr beginnt, weisen viele Firmen darauf hin, dass sie noch viele Tausend freie Lehrstellen haben. Die Gewerkschaften entgegnen, dass es noch viele Tausend Bewerber gebe. Hinter dem ritualisierten Schlagabtausch verbirgt sich das eigentliche Problem: Angebot und Nachfrage passen nicht zusammen. Die Unternehmen verlangen Qualifikationen, die die schwächeren Bewerber nicht mitbringen.

Eine deutsche Scheinlösung für das Problem ist, die chancenlosen Kandidaten in eine Warteschleife zu schicken. Sie landen in staatlich finanzierten Kursen mit vielfältigen Namen: Berufsgrundschuljahr, teilqualifizierende Berufsfachschule, Werkstattjahr, Einstiegsqualifizierung. Der abstrakte Name, den Beamte diesem Phänomen gegeben haben, vernebelt das Problem: Die Jugendlichen seien von der Schule ins »Übergangssystem« gewechselt, heißt es in der Sprache der Bürokraten. In Wirklichkeit ist dieses »System« ein riesiger Wartesaal für die schwer Vermittelbaren: Im Jahr 2009 betrat etwa eine halbe Million junger Menschen diesen Wartesaal. Die Zahl der Lehrverträge war im gleichen Jahr schon fast genauso hoch: Es waren etwa 700.000. Das heißt: Auf einen Jugendlichen im Wartesaal kommen 1,4 mit Ausbildungsplatz. Anders ausgedrückt: Von zehn Jugendlichen finden sechs eine Lehrstelle, die übrigen vier müssen abwarten.

Der Wartesaal befindet sich dort, wo kaum einer hinschaut. Denn die deutsche Öffentlichkeit hat ein Wahrnehmungsproblem: Während jeder Pisa-Test das Land in eine hysterische

Bildungsdebatte stürzt, bei der vor allem Mittelwerte und Höchstleistungen der deutschen Schüler diskutiert werden, interessieren die Jugendlichen mit den miserablen Perspektiven kaum jemanden. »Es ist das untere Ende der Leistungsverteilung, das uns zum Nachdenken anregen und die Alarmglocke schrillen lassen sollte«, sagt Wolfgang Edelstein, lange Jahre Direktor des Max-Planck-Instituts für Bildungsforschung.

Doch noch interessieren sie kaum. Obwohl auch die Kosten ihres Scheiterns enorm sind: Das »Übergangssystem« wird ständig vergrößert. Heike Solga vom WZB schätzt, dass der Staat für den Wartesaal vier bis fünf Milliarden Euro pro Jahr ausgibt.

Die Bewerber kommen nicht mehr

In den nächsten Jahren werden die Firmen noch mehr Schwierigkeiten bekommen. Sichtbar ist das bereits in Ostdeutschland, dem riesigen demografischen Labor Deutschlands. Dort geschieht wegen der niedrigen Geburtenraten der Neunzigerjahre schon heute, was im Westen erst in einigen Jahren zu erwarten ist: Der Nachwuchs bleibt aus.

Einer, der den Mangel jeden Tag spürt, ist Thilo Naumann. Er leitet ein Viersternehotel auf Usedom; im Frühjahr 2010 suchte er zwölf Auszubildende für die Küche und den Service. Doch während sich vor einigen Jahren noch mehr als zweihundert junge Menschen um Naumanns Ausbildungsplätze bewarben, meldeten sich im Jahr 2010 nur sechs. »Wir haben alle eingeladen«, sagte Naumann einem Journalisten. »Gekommen sind zwei. Keiner der anderen hat abgesagt.«

Wie Naumann leiden inzwischen alle Personaler und Firmenchefs in Ostdeutschland. Sie mussten erleben, dass sich die Situation extrem schnell gewandelt hat. In Mecklenburg-

Vorpommern zum Beispiel gab es im Jahr 2000 noch 30.000 Schulabgänger, im Jahr 2010 waren es dann nur noch knapp 12.000 – weniger als die Hälfte, innerhalb eines Jahrzehnts. In den anderen ostdeutschen Bundesländern sind die Trends ähnlich. Überall fehlen junge Leute – obwohl die Lage noch vor wenigen Jahren komplett anders war.

Die Ursachen dafür erkennen Demografen in den Entwicklungen seit der Wiedervereinigung. In den Jahren nach 1990 bekamen die Frauen in den neuen Bundesländern extrem wenige Kinder. So lag die ostdeutsche Geburtenrate zwischen 1992 und 1994 bei etwa 0,8 Kindern pro Frau – der niedrigste Wert, der in Deutschland je berechnet wurde. Dieser »Gebärstreik« war eine Reaktion auf die Unsicherheit, die die neuen Bundesländer erfasst hatte: Tausendfach mussten dort Unternehmen schließen, weil ihre Produkte auf dem Weltmarkt nicht konkurrenzfähig waren. Die Arbeitslosigkeit in den neuen Bundesländern erreichte dramatische Höhen – und viele Paare entschieden sich, keine Kinder zu bekommen. Vorerst zumindest.

In den zwei Jahrzehnten danach kletterte die ostdeutsche Geburtenrate langsam wieder. Doch das konnte die Lücken nicht mehr füllen. Die Kinder, die in den Neunzigerjahren nicht geboren wurden, fehlen heute auf dem Arbeitsmarkt. Darin stecke »erhebliches Krisenpotenzial« für die Industrie, warnt der Betriebssoziologe Burkart Lutz in einer Studie für die gewerkschaftsnahe Otto-Brenner-Stiftung. »Die demografische Falle, die bisher zulasten der Arbeitnehmer weit geöffnet war, schließt sich nun sehr schnell. Sie wird sich in Kürze erneut, diesmal jedoch zulasten der Betriebe, öffnen«, so Lutz.

In Westdeutschland wird die Situation nicht so schnell kippen wie in Ostdeutschland. Doch der Trend ist ähnlich. Auch hier drängen immer weniger junge Menschen auf den Arbeitsmarkt. Und derzeit marschieren die Baby-Boomer der Sechzigerjahre allmählich auf die Rente zu. Auch das wird den Personalmangel in vielen Firmen verschärfen. Bald müssten deshalb die Jahrgänge der Jüngeren mehr Verantwortung übernehmen. Doch das wird schwierig, wenn immer kleinere Altersjahrgänge finanziell für eine immer größere Gruppe von Älteren sorgen müssen. Dann erst recht ist jeder Junge, der aufwächst wie Kevin aus Neuaubing, einer zu viel.

05 Adenauers Gießkanne
Die deutsche Familienpolitik kostet viel und nützt wenig

Konrad Adenauer entwickelte in den Vierzigerjahren des vorigen Jahrhunderts eine neuartige Gießkanne. Das Besondere daran war der schwenkbare Brausekopf. Klappte man ihn vor das Rohr, spritzte das Wasser durch viele kleine Öffnungen und berieselte die Pflanzen gleichmäßig. Klappte man den Brausekopf am eingebauten Scharnier zur Seite, kam ein dichter, konzentrierter Wasserstrahl aus dem offenen Ende des Rohrs. Die Kanne erlaube »sowohl Gießen aus der Tülle wie aus der Brause«, schrieb der rheinische Rosenzüchter stolz an das Reichspatentamt. Von großem Vorteil sei, dass der Brausekopf nicht mehr verloren gehen könne. Doch das Modell überzeugte nicht. Ein Prüfer lehnte den Antrag ab, weil es bereits ähnliche deutsche, österreichische und schweizerische Erfindungen gebe. Bis 1943 stritt Adenauer mit der Behörde über Tülle, Brause und Patente. Dann gab er auf.

Konrad Adenauer entwickelte in den Fünfzigerjahren auch die erste politische Gießkanne: das Kindergeld. Gleichmäßig rieselt es seitdem auf alle Familien herab, unabhängig von der Höhe ihres Einkommens. Das Prinzip der Gleichheit sei in diesem Fall aus »ideellen und staatspolitischen Gründen« angemessen, sagte der erste deutsche Bundeskanzler in einer Kabinettssitzung 1953. Zwar verlangte sein skeptischer Finanzminister, bei höheren Familieneinkommen das Kindergeld zu streichen oder zumindest zu kürzen. Doch Adenauer lehnte ab: »Jedem – ohne Ausnahme – müsse die Möglichkeit gegeben werden, seinen Kindern eine gute Erziehung zu geben«, heißt es im Protokoll der Kabinettssitzung. Im Herbst 1954 beschloss das Bonner Parlament das westdeutsche Kindergeld: 25 D-Mark pro Monat, zu zahlen ab dem dritten Kind. Der Kanzler hatte sich durchgesetzt.

So erfolglos Adenauers blecherne Gießkanne war, so erfolgreich war seine politische. In den nächsten Jahrzehnten entwickelte sie sich zum wichtigsten Werkzeug der Familienpolitik. Zwanzig Mal erhöhte der Bundestag das Kindergeld seither. Im Nachkriegs-Deutschland wuchs es zunächst gemächlich, doch in den vergangenen zwei Jahrzehnten ging es steil aufwärts. Noch im Jahr 1991 zahlte der Staat für das erste Kind bloß fünfzig D-Mark – umgerechnet 26 Euro –, inzwischen ist es sieben Mal so viel: Nach den letzten beiden Erhöhungen in den Jahren 2009 und 2010 gibt es derzeit 184 Euro pro Kind. Wobei »Kind« nicht ganz der richtige Begriff ist: Gezahlt wird inzwischen vom ersten Lebenstag an bis zum 25. Geburtstag, sofern das »Kind« noch in Ausbildung ist. Entsprechend stark stiegen die Ausgaben des Staates. Im Jahr 1990 gab die Bundesrepublik für den »Familienlastenausgleich« noch umgerechnet 7,5 Milliarden Euro aus. Im Jahr 2011 sind es etwa 41 Milliarden Euro.

Wo das Geld fließt – und wo es fehlt

Wie hoch diese Summe ist, wird erst im Vergleich so richtig deutlich. Zum Beispiel, wenn man ein umstrittenes Projekt der früheren CDU-Familienministerin Ursula von der Leyen aus dem Jahr 2007 betrachtet: den Ausbau der Kinderkrippen. Monatelang rangelten Bund, Länder und Gemeinden damals, wer welche Kosten übernehmen müsste, falls Kinder unter drei Jahren häufiger in Kitas betreut würden. Man konnte den Eindruck bekommen, Politiker fürchteten den Staatsbankrott wegen neuer Krippenplätze. Die Kosten dieser Modernisierung des Sozialstaats sind jedoch maßvoll: Sie liegen bei zwölf Milliarden Euro – allerdings nicht pro Jahr, sondern gestreckt auf sechs Jahre. Das ergibt jährlich zwei Milliarden Euro, die sich Bund, Länder und Gemeinden teilen müssen.

41 versus zwei Milliarden – die Summen unterscheiden sich ebenso wie die Debatte. Über das Kindergeld redet man selten, obwohl es zu den teuersten Leistungen des Sozialstaats zählt. Beim Ausbau der Krippen ist das umgekehrt: Die Diskussion war phasenweise so emotional, wie die Sache preiswert ist.

Gewiss, der Vergleich ist ein wenig problematisch. Schließlich nützt das Kindergeld allen Kindern der Republik, während der Ausbau der Krippen nur den Kleineren zugutekommt. Deshalb bietet sich eine andere Rechnung an: die Gegenüberstellung der Ausgaben für Kindergeld und Schulen. Beide Beträge erreichen inzwischen ähnliche Dimensionen. Den 41 Milliarden für Kindergeld und Kinderfreibetrag stehen laut jüngstem Bildungsfinanzbericht etwa 55 Milliarden Euro gegenüber, die Bund, Länder und Gemeinden in ihren Haushaltsplänen als Ausgaben für die Schulen kalkuliert haben.

41 versus 55 Milliarden – damit ist das Kindergeld fast so teuer wie sämtliche allgemeinbildenden Schulen des Landes. Diesen Irrsinn hat noch kein anderer Staat geschafft: Die 41 Milliarden Euro werden mit der Gießkanne über das Land verteilt, doch niemand würde sagen, dass sich die Lage der Kinder dadurch fundamental verbessert. Die 55 Milliarden Euro dagegen finanzieren *alle* allgemeinbildenden Schulen der Bundesrepublik – Grundschulen, Realschulen, Gesamtschulen, Gymnasien. Mit dieser Summe zahlt der Staat alle Lehrer, alle Direktoren, alle Fortbildungen, jede Sanierung der Gebäude und jedes Schulbuch. Selbst die Pensionen der Beamten sind einkalkuliert, obwohl derzeit dafür gar kein Geld zur Seite gelegt wird.

Man kann, um die Relationen ein letztes Mal deutlich zu machen, einen weiteren Vergleich anstellen: Das Kindergeld für das erste Kind liegt seit Januar 2010 bei 184 Euro monatlich; pro Jahr ergibt das 2.208 Euro. Letztlich zahlt der Staat im Durchschnitt ein bisschen mehr, weil Eltern ab dem dritten Kind mehr Geld erhalten und weil Gutverdiener stärker profitieren: Bei ihnen setzt das Finanzamt statt des Kindergeldes den Kinderfreibetrag an. Der lohnt sich wegen der Steuerprogression ab etwa 60.000 Euro Jahreseinkommen mehr als das eigentliche Kindergeld. Insgesamt kommen aus Sicht des Staates pro Kind jährlich etwa 2.400 Euro zusammen.

Zum Vergleich nun die Schulen: Laut Bildungsfinanzbericht gibt die Bundesrepublik pro Schüler jährlich 4.900 Euro aus – gerade mal das Doppelte. Ob diese Proportionen stimmen, darüber möchte man Eltern gerne einmal abstimmen lassen. Man sollte sie fragen: Sind Sie dafür, dass das Verhältnis so bleibt? Wenn nein, wie würden Sie es verändern? Halten Sie ein höheres Kindergeld oder höhere Ausgaben für Schulen für richtig?

Zehn Jahre nach dem Pisa-Schock muss man nicht hellsehen können, um die Antworten der Eltern zu erahnen: Schulen sind das Wichtigste, was die Republik der jungen Generation anbietet – dort fehlt es seit Langem (auch) an Geld und Personal, wie Mütter und Väter immer wieder feststellen. Das Kindergeld ist im Vergleich dazu eine freundliche Unterstützung, auf die ein Teil der Eltern nicht wirklich angewiesen ist.

Machtlose Mahner

Die OECD, die Organisation für wirtschaftliche Zusammenarbeit und Entwicklung, warnt die Bundesrepublik seit Langem vor zu hohen Überweisungen an Familien. Die renommierten Ökonomen und Sozialexperten dort monieren, dass das Kindergeld höher ist als in anderen Industriestaaten – ohne dass dies den Familien viel helfen würde. »Der Schwerpunkt der Ausgaben in Deutschland ist falsch«, sagte Willem Adema von der OECD im Herbst 2008. Wie seine Kollegen aus der Pisa-Abteilung kann Adema seine scharfe Kritik mit etlichen Tabellen und Grafiken belegen. Sie alle zeigen: Insgesamt gibt Deutschland zwar viel Geld für Familien aus, doch mangelt es an Investitionen in die Kitas. »In Dänemark geht mehr als die Hälfte des Geldes in die Kinderbetreuung, in Deutschland nur ein Viertel – darin liegt das Problem«, so Adema. Seine Zahlen sind zwar nicht mehr die neuesten, doch der Unterschied hat sich wegen der deutschen Kindergeld-Erhöhungen 2009 und 2010 nicht abgeschwächt, sondern noch verstärkt.

Deutschland spart bei den Kitas
Andere Länder geben mehr Geld
für Kinderbetreuung aus.

Anteil am Bruttoinlandsprodukt in %

Land	%
Dänemark	**2,2**
Schweden	**2,0**
Frankreich	**1,6**
Spanien	**1,2**
Deutschland	**0,8**
Großbritannien	**0,8**
Italien	**0,7**
Österreich	**0,6**
USA	**0,6**

OECD Family Database 2008, Angaben für 2005

Auch im Politikbetrieb gibt es etliche, die das Geld des Staates lieber in die Bildung der Kinder als in die Taschen der Eltern stecken möchten. Man trifft sie in fast allen Fraktionen des Bundestags. So wies Kerstin Griese, Familien-Expertin der SPD, explizit auf die Mahnungen der Fachleute hin:»Alle Experten sagen inzwischen, dass eine weitere Erhöhung des Kindergeldes nicht sinnvoll wäre«, stellte sie im Jahr 2007 fest. Ähnlich mahnte der CDU-Bildungspolitiker Michael Kretschmer nach der Bundestagswahl 2009, nicht bloß das Kindergeld hinaufzuschrauben:»Wenn wir sagen, die eigentliche soziale Frage sei Bildung, dann müssen wir neue Leistungen daran koppeln«, verlangte er. Er könne »nur warnen, isoliert über familienpolitische Leistungen wie Kindergeld-Erhöhungen zu reden«.

Auch Spitzenbeamte des Familienministeriums wandten sich lange Zeit gegen die simple Logik des Immer-mehr. Der wichtigste Berater Ursula von der Leyens, Malte Ristau, lästerte einmal laut, der deutschen Familienpolitik sei jahrzehntelang nichts anderes eingefallen, als allen Eltern gleichermaßen mehr zu geben. »Viel Geld wurde auf diese Weise in guter Absicht ausgegeben, von christdemokratisch wie sozialdemokratisch geführten Regierungen«, bemängelte er. Das aber sei eine »veraltete Familienpolitik«, wetterte Ristau. Er dürfte an die Gießkanne als Instrument der Politik gedacht haben.

Familienministerin Ursula von der Leyen war in der Öffentlichkeit zwar vorsichtiger, doch auch sie hielt nicht viel von pauschalen Erhöhungen des Kindergeldes. Als darüber im Jahr 2008 eine Debatte begann, plädierte sie dafür, das Kindergeld allenfalls gestaffelt zu erhöhen. Je mehr Kinder in einer Familie leben, umso stärker sollte es steigen. Ihr unausgesprochenes Motto: Wenn eine Erhöhung schon unvermeidbar ist, dann sollte man das Beste daraus machen – also vor allem den Familien mit drei und mehr Kindern helfen. Denn bei denen ist das Armutsrisiko besonders hoch, betonte von der Leyen stets zu Recht.

Richtig erfolgreich war die Ministerin damit nicht. Als Ursula von der Leyen nach der Bundestagswahl 2009 ins Arbeitsministerium wechselte, hatte sie die Kindergeld-Erhöhung von 2009 beschlossen und eine Erhöhung für 2010 in den Koalitionsverhandlungen abgenickt. Die Kosten für den Staat: Sechs Milliarden Euro pro Jahr. Ein satter Betrag, der die Spaltung der Gesellschaft vertieft. Denn wohlhabende Eltern profitieren von diesen Wohltaten am stärksten. Dank Kinderfreibetrag und Steuerprogression erhalten sie pro Kind und Monat bis zu 245 Euro vom Staat. Anders am unteren Ende der Einkommensskala: Den Ärmsten der Republik brachten die Erhöhungen keinen Cent. Denn jede Steigerung des Kindergeldes wird mit den Transferzahlungen der Behörden verrechnet. Das heißt: Eine arbeitslose, alleinerziehende Mutter erhält zwar auf dem Papier mehr Kindergeld. Doch gleichzeitig sinken die Hartz-IV-Überweisungen um den gleichen Betrag.

Das ist deutsche Sozialpolitik des neuen Jahrzehnts: Wieder wird der Graben ein bisschen tiefer.

Der symbolische Scheck

Die Wirksamkeit einer deutschen Kindergeld-Erhöhung lässt sich in einer 15-70-15-Formel zusammenfassen. Den ärmsten 15 Prozent der Menschen ist nicht geholfen, weil sie ohnehin nicht mehr Geld bekommen. Den reichsten 15 Prozent ist nicht geholfen, weil sie bei einem Jahreseinkommen von 70.000 oder 100.000 Euro die Aufstockung zwar an-, aber nicht wirklich wahrnehmen: »Sehr nett, wieder ein bisschen was zusätzlich auf dem Konto«, stellen diese Eltern fest, ohne dass sich ihre finanzielle Lage wesentlich verbessern würde. Bleiben die 70 Prozent in der Mitte, die eine Kindergeld-Erhöhung tatsächlich spüren. Aber selbst von denen würde die Mehrheit wohl Investitionen in Schulen und Kindergärten vorziehen. Und doch: Jeder noch so dumme Gesetzentwurf braucht eine Mehrheit im Parlament, um rechtskräftig zu werden. Mag sein, dass viele Eltern von einem höheren Kindergeld gar nicht profitieren. Mag sein, dass viele Bildungspolitiker verstanden haben, dass Kindergeld nicht automatisch den Kindern hilft. Mag sein, dass der Staat dann an anderer Stelle sparen muss. Doch so plausibel alle diese Argumente sind: Jeder Erhöhung des Kindergeldes muss die Mehrheit der Parlamentarier zustimmen. Dass Abgeordnete das immer wieder entgegen besserer Einsicht tun, hat zwei Gründe – einen einfachen politischen und einen komplizierten juristischen.

Der politische Grund: Jeder Politiker weiß, dass sich Familien mangelhaft unterstützt fühlen. Seit Jahrzehnten klagt die Republik schließlich darüber. Manche Parlamentarier verhalten sich deshalb wie der Firmenchef, der in der Lokalzeitung erscheinen will: Er spendet ein bisschen Geld an die Caritas oder an das SOS-Kinderdorf und lässt einen symbolischen, riesigen Scheck herstellen. Damit stellt er sich beim Pressetermin im Advent vor die Fotografen. So etwas sieht ein bisschen lächerlich aus, aber das Bild wird meist gedruckt. Nach diesem Prinzip arbeitet zum Beispiel der CDU-Abgeordnete Michael Fuchs, der sich außerhalb der Wahlkämpfe nicht mit Familienthemen beschäftigt (sein Spezialgebiet ist Klientelpolitik für mittelständische Firmen und die Atomindustrie). Fuchs wollte während der Koalitionsverhandlungen von Union und FDP im Herbst 2009 unbedingt der erste Bundestagsabgeordnete sein, der höhere Kinderfreibeträge versprach: »Dieser Vorschlag wurde bei der ersten Koalitionsrunde von allen Seiten als eine gute Idee bewertet«, sagte er einem Journalisten stolz, obwohl seine Parteifreunde noch verhandelten. Der Scheck war damit zwar noch nicht überreicht, aber immerhin schon unterschrieben.

Hinterbänkler des Bundestages äußern sich gern zu Themen, von denen sie nicht viel verstehen, und normalerweise macht das auch keine Schlagzeilen. Dieser Profilierungsversuch wäre nicht weiter bemerkenswert, wenn es sich nicht um das Thema Kindergeld handelte. Hier nämlich sind die Sensoren der Medien aufnahmebereit. Wer da etwas ankündigt, schafft es in die Meldungen der Nachrichtenagenturen. Und das Fatale ist: Ein solches Versprechen wirkt auf die Politiker-Kollegen. Denn die überlegen nun, ob sie es wagen sollen, laut zu widersprechen: Wollen sie wirklich als Miesmacher dastehen, indem sie den Familien Geld »verweigern«? Wer einen ausgestellten Scheck zurückhaben möchte, verliert viele Freunde. Also schweigen die meisten Skeptiker – und Politiker wie Michael Fuchs freuen sich, weil sie sich als Wohltäter gerieren können. Eine problematische Kombination.

Lebensfremde Anwendung hehrer Prinzipien

Nun gibt es in der deutschen Familienpolitik eine Haupt- und eine Nebenregierung. Die Hauptregierung hat ihren Sitz in Berlin und folgt den schlichten Regeln des politischen Geschäfts. Die Nebenregierung sitzt in Karlsruhe, heißt Bundesverfassungsgericht und hat beim Thema »Kindergeld und Kinderfreibetrag« immer wieder demonstriert, wie man hehre Prinzipien lebensfremd anwenden kann.

Im Jahr 1999 traf die Karlsruher Nebenregierung ihre wichtigste Entscheidung zu diesem Thema. Der zweite Senat, dem der konservative Verfassungsrichter Paul Kirchhof vorstand, forderte sofortige und drastische Erhöhungen der Kinderfreibeträge. Denn die Familien, so argumentierten die Richter, geben viel Geld für ihre Kinder aus: Sie bezahlen die Kleidung, das Spielzeug, die Bücher, die Kinderzimmer und die Kinderbetreuung. Das alles seien gewissermaßen Betriebsausgaben des »Unternehmens Familie«. Wie in einer Firma sollten sie vom Gesamtbetrag der Einkünfte abgezogen werden, bevor der Staat Steuern verlangt. Niemals, so verfügte Kirchhof, dürfe der Staat den Familien qua Steuern so viel nehmen, dass ihr Einkommen unter das Existenzminimum rutsche.

Dieses Prinzip eines pauschalen »Familienlastenausgleichs« durch den Kinderfreibetrag war nicht neu. Doch durch das Urteil gelangte die Angelegenheit in neue finanzielle Dimensionen. Erstens erfand Kirchhof einen zweiten Freibetrag – er nannte ihn »Freibetrag für Betreuung, Erziehung und Ausbildung der Kinder«. Dieser müsse mindestens 4.000 Mark jährlich betragen und sei vom Staat in den nächsten Monaten per Gesetz festzuschreiben, verlangte das Urteil. Zweitens bestimmten die Karlsruher Richter, dass der bisherige Freibetrag spätestens nach zwei weiteren Jahren stark steigen müsse. Selten zuvor und selten danach hat ein Senat des Bundesverfassungsgerichts derart detailliert in die Gesetzgebung eingegriffen.

Auf den ersten Blick wirkte die Argumentation klar und schlüssig, wie Juristen das lieben. Von einem Grundgedanken (»Existenzminimum berücksichtigen, Leistungsfähigkeit der Familien beachten«) ausgehend, wird die Welt erschlossen. Doch wer sich an ein einziges Prinzip klammert, riskiert, die Wirklichkeit aus den Augen zu verlieren. Das ist den Richtern passiert: Sie übersahen die Realität der deutschen Steuerprogression. Denn in der Bundesrepublik nutzt der Kinderfreibetrag nur den oberen 15 Prozent der Beschäftigten – alle anderen bekommen das reguläre Kindergeld. Derzeit zum Beispiel liegt die höchste mögliche Steuerersparnis durch den Kinderfreibetrag bei 245 Euro pro Monat; sie kommt einem Elternpaar zugute, dessen Einkommen über 70.000 Euro pro Jahr liegt. Das alternativ gezahlte Kindergeld, das die meisten anderen Eltern bekommen, liegt im Jahr 2011 pauschal bei 184 Euro.

Der Lastenausgleich wird zur Last

Spätestens hier wird dem Beobachter schwindlig. Hatten die Richter nicht verlangt, der Staat müsse stärker auf das »Existenzminimum« der Menschen achten? Und nun schuf die Rechtsprechung eine einmalige soziale Unwucht: Eltern mit geringeren Einkommen bekommen weniger Geld vom Staat – und Eltern mit sehr hohen Einkommen profitieren am meisten. Dieser »Lastenausgleich« ist zu einer Last geworden. Dem Geist des Urteils folgend, könnte man eine noch rabiatere Politik zugunsten der Besserverdiener verfolgen. Verfassungsgemäß wäre es Kirchhofs Prinzip zufolge, wenn das Kindergeld vollständig gestrichen würde. Denn das ist nach seiner Ansicht das »Zuckerl«, das die Politik obendrauf packen oder eben auch weglassen kann. Der Bundestag müsste demnach allein den Kinderfreibetrag erhalten. Denn der hat seit dem Urteil von 1999 Verfassungsrang. Zwar wäre dies das Gegenteil einer sozialen Politik, denn eine riesige Gruppe von Arbeitslosen und Geringverdienern bekäme keine finanzielle Unterstützung für die eigenen Kinder mehr. Und bei den anderen, den Wohlhabenden, stiege der Nutzen des Kinderfreibetrags parallel zum Einkommen. Völlig abstrus – aber nach Kirchhofs Urteil möglich.

Anfangs wurde das Karlsruher Urteil noch bejubelt. Die Richter seien »Schutzengel in roten Roben«, hieß es in Zeitungskommentaren, denn sie würden »Nothilfe für Familien und Kinder« leisten und »die Familienfeindlichkeit des Einkommensteuerrechts reparieren«. Der damalige SPD-Finanzminister Oskar Lafontaine ließ auf die Schnelle errechnen, dass die Karlsruher Vorgaben pro Jahr 22 Milliarden D-Mark kosten würden und erklärte tapfer, etwas Ähnliches habe er ohnehin geplant. Tatsächlich folgten in den nächsten zwei Jahren die größten Sprünge von Kindergeld und Kinderfreibetrag, die es in Deutschland je gegeben hatte.

Ein Jahrzehnt später lässt sich die Wirkung des Richterspruchs abschätzen: Er war fatal. In die politische Gießkanne von Konrad Adenauer wurde viel mehr Geld hineingepumpt als je zuvor. Doch die Milliarden versickerten erfolglos. Die Armut in der Bundesrepublik sank nicht, sie stieg. Die Familien – egal, ob aus Ober-, Mittel- oder Unterschicht – waren nicht zufrieden, sondern fühlten sich weiter schlecht behandelt. Und manche Politiker grummeln seitdem zwar über die Bevormundung durch Herrn Kirchhof und die Milliardenausgaben für das Kindergeld. Doch aus Furcht vor der Karlsruher Instanz sagt das niemand laut.

06 Der Sozialstaat vergisst seine Kinder

Der Tradition zum Trotz: Familie ist keine Privatsache mehr

Der klassische deutsche Sozialstaat gewährte seinen Bürgern Sicherheit in schwierigen Lebenslagen. Ihr mögt krank werden, doch die Arztrechnungen müsst ihr nicht alleine bezahlen, verhießen die Gesetze des Reichskanzlers Otto von Bismarck. Ihr könnt alt werden, doch ihr müsst nicht verarmen, versprachen die Rentenreformen des Bundeskanzlers Konrad Adenauer. Ihr dürft ins Altersheim gehen, ohne dass eure Familien dies finanzieren müssen, kündigte die Pflegeversicherung des Sozialministers Norbert Blüm an. Das waren viele Versprechungen; mit ihnen entstanden umfassende soziale Leistungen – doch es blieb eine Leerstelle: Wie es den Familien ging, interessierte den westdeutschen Sozialstaat wenig. Nur im Extremfall, wenn Eltern das Wohl ihrer Kinder massiv gefährdeten, sollten die Behörden eingreifen. Der Staat gab den Familien (Kinder-)Geld; alles Weitere blieb Privatsache von Müttern und Vätern.

Diese jahrzehntelange Zurückhaltung ließ sich in einer Formel bündeln: Politik hat sich nicht einzumischen in die Sphäre der Familien. »Familialismus« heißt das in der leider oft sperrigen Sprache der Soziologen. In ihren internationalen Vergleichen stellen die Sozialwissenschaftler fest, dass manche Staaten begonnen haben, diese Zurückhaltung aufzugeben: In skandinavischen Ländern, aber auch in Frankreich, gilt »die Familie« nicht mehr als pure Privatsache – dort ist es inzwischen politischer Konsens, dass der Staat gefordert ist, Mütter,

Väter und Kinder umfassend und massiv zu unterstützen. In Südeuropa dagegen ist der traditionelle Begriff von Familie noch weit verbreitet: Mütter kümmern sich um die Kinder (und brauchen keine Kinderkrippen); Väter gehen Geld verdienen (und haben mit dem Haushalt nichts zu schaffen); kranke und alte Menschen werden von ihren Töchtern versorgt (und nicht im Altersheim gepflegt).

Was Schweden von Italien unterscheidet

Besonders deutlich wird der Unterschied der Systeme, wenn man zwei Länder gegenüberstellt – etwa Italien, den Prototyp eines »familialistischen« Landes, und Schweden, den Musterfall eines Staates, der sich in den letzten Jahrzehnten von dieser Tradition gelöst hat. Als Erstes bietet sich dabei ein Vergleich von Ideen, Klischees und Vorstellungen an.

Italien erscheint den meisten Deutschen wahrscheinlich als wunderbar kinderfreundliches Land. Die »Bambini« wuseln selbstverständlich herum, wenn ihre Eltern abends ins Restaurant gehen. Kinder gehören zum Alltag; sie werden von den Müttern verhätschelt und von den Vätern stolz präsentiert. Wer sich in Italien über Kinderlärm mokiert, gilt mindestens als schrullig oder gar als unzurechnungsfähig. Denn Kinder – so würde man annehmen – sind in den Augen der allermeisten Italiener wichtiger als der heißeste Patriotismus und die beste Pasta.

Dagegen Schweden: ein kühles Land, das vor allem auf Gleichberechtigung der Geschlechter setzt. Seit Jahrzehnten achtet die Politik darauf, dass möglichst viele Frauen arbeiten. Gleiche Löhne für Männer und Frauen sind ein wichtiges Ziel, und Schweden ist zu einem Land der weiblichen Karrieren geworden. In den Parlamenten sowie in der Regierung liegt der Frauenanteil seit einigen Jahren bei fast fünfzig Prozent.

In allen Berufen sind die Gehaltsunterschiede zwischen Mann und Frau stark geschrumpft, weit stärker als in anderen europäischen Staaten. Doch kinderfreundlich scheint das nicht zu sein: Weil schwedische Frauen so sehr mit ihren Karrieren beschäftigt sind, bleibt ihnen für das Kindergroßziehen nicht viel Zeit, könnte man meinen. Und wenn man der verbreiteten Annahme folgt, dass die Kinderfreundlichkeit eines Landes auch mit seiner Geburtenrate zusammenhängt, kommt man auf eine Vermutung: Im Bambini-Paradies Italien müsste es viel Nachwuchs geben, im emanzipierten Schweden wenig.

Die Realität ist anders. Denn der lange Zeit als gültig angenommene Merksatz, dass Frauen sich entweder in der Arbeitswelt bewähren oder die eigenen Kinder versorgen, stimmt in den Industriestaaten längst nicht mehr. Die Geburtenrate in Italien liegt seit Jahren bei etwa 1,3 Kindern pro Frau – in Schweden erreicht sie beinahe die Marke 2,0.

Damit entsteht ein Bild, das auf den ersten Blick verwirrend wirkt. Im einen Land – in Italien – liebt man die Kinder, aber man kriegt kaum noch welche. Im anderen Land – in Schweden – emanzipieren sich die Frauen und werden trotzdem häufig Mütter. Wie passt das zusammen?

Die Wünsche der Frauen

Eine stimmige Antwort findet nur, wer sich mit den Wünschen der Frauen beschäftigt. Sie sind die Bildungsgewinner der letzten Jahrzehnte. Überall in Europa haben Mädchen die Jungs in den Schulen inzwischen überholt. An den Universitäten sind sie ebenfalls auf der schnelleren Spur unterwegs – und jemand, der so gut qualifiziert ist wie eine junge Frau in Europa im Jahr 2011, kann sich nur schwer vorstellen, seine Fähigkeiten nicht auch in einem Job zu nutzen. An diesem Punkt unterscheidet sich Italien nicht von Schweden.

Doch fast alles andere ist anders. In Italien ist es üblich, dass junge Menschen sehr lange im »Hotel Mama« leben. Vierzig Prozent der Männer im Alter von 30 bis 34 Jahren leben noch bei ihren Eltern, ermittelte das staatliche Statistikamt Istat im Jahr 2009. Dass ein Mann, der sich mit Anfang dreißig noch von Mutti bekochen lässt, selten die Gründung einer eigenen Familie plant, kann man sich ausrechnen. Bei italienischen Frauen ist die Nesthockerei zwar nicht ganz so ausgeprägt wie bei den »Mammoni«, den Muttersöhnchen. Doch auch bei ihnen gilt: Sie steigen mit Anfang zwanzig ins Arbeitsleben ein – aber die Familiengründung schieben sie lange, lange auf. Irgendwann, mit Anfang oder Mitte dreißig, klappt es zwar vielleicht mit dem passenden Mann, mit der eigenen Wohnung und dem ersten Kind – doch dann knirscht es im Alltag. Krippenplätze sind rar, Kindergärten sind häufig nur halbtags geöffnet. Auch Horte gibt es zu wenige. Eine junge Mutter steht deshalb vor unangenehmen Alternativen: Entweder sie verzichtet lange Zeit auf den Job, was ihrem Wunsch nach Eigenständigkeit und Autonomie entgegensteht. Oder sie liefert das Kind bei der Großmutter ab – was manchmal nicht möglich ist, weil die Oma weit entfernt lebt (und was oft auch nicht unbedingt der Wunschtraum aller Beteiligten ist). Und weil überdies der italienische Papa recht wenig von diesen Alltagslasten mitträgt, hat sich die Frage nach einem zweiten oder gar dritten Kind schnell erledigt: lieber nicht. Logisch, dass Italien inzwischen zu einem Musterland der Ein-Kind-Familien geworden ist. Die laute, lebendige, liebevolle Großfamilie – sie existiert nur noch in italienischen Filmen, Erinnerungen und Klischees.

Dagegen Schweden: Dort werden junge Erwachsene früh selbstständig. Bald nach Schulabschluss ziehen sie mit ihren Partnern zusammen; die Hausarbeit teilen sie sich vergleichsweise partnerschaftlich. Paare bekommen früh Kinder, und junge Frauen haben die Sicherheit, dass sie im Jahr nach der

Geburt ökonomisch durch ein Elterngeld abgesichert sind. Später, das weiß auch jeder in Schweden, gibt es ein exzellentes Angebot an Kinderkrippen, Kitas und Horten. Eltern, die arbeiten wollen, müssen darauf jedenfalls nicht wegen der Kinder verzichten. Was nicht bedeutet, dass schwedische Familien im Paradies leben würden: Stress, Ärger und Absprachebedarf nerven natürlich auch die Paare in Stockholm oder Uppsala. Und dass schwedische Eltern stark von ihren Berufen gefordert sind, steht einem entspannten Familienleben häufig entgegen. Aber die hohe Geburtenrate Schwedens deutet doch darauf hin, dass viele Paare das Wagnis der Elternschaft sehr früh und sehr häufig eingehen.

Durch die Brille der Soziologen betrachtet, zeigt sich also ein enormer Unterschied zwischen beiden Ländern. In Italien versucht der Staat kaum, Familien zu unterstützen. Die meiste Last der Kinderbetreuung tragen die Mütter, zum Teil assistiert von den Großmüttern – das ist Familialismus pur. In Schweden dagegen versucht die Sozialpolitik des Wohlfahrtsstaats, die Frauen zu entlasten. Und weil dort die Männer auch mehr vom alltäglichen Familienkram übernehmen, ist vom klassischen, familialistischen Modell nicht mehr viel übrig. Das zeigt: Die hohen Geburtenraten Schwedens sind kein Wunder – sie entstehen nicht trotz, sondern dank einer Politik, die auf die Emanzipation der Frauen setzt.

Italiens nördlichste Städte

Die Familienpolitik der Bundesrepublik unterschied sich bis vor ein paar Jahren kaum von der Familienpolitik Italiens. »Familie« galt als Privatsache; der westdeutsche Staat hatte den Eltern außer Geld nicht viel zu bieten. Jeder normale Kindergarten hatte nur halbtags geöffnet – denn mittags waren ja die Mamas da, um die Kleinen abzuholen und ihnen das Essen auf den heimischen Küchentisch zu stellen. Und Kinderkrippen gar? Die schaden den Kindern, war die jahrzehntelang gepflegte Überzeugung von Eltern und Politikern. Wie dominant diese Meinung war, zeigt das Scheitern der inzwischen weitgehend vergessenen Bundesfamilienministerin Ursula Lehr in den späten Achtzigerjahren. Die CDU-Politikerin ärgerte sich damals öffentlich über die TV-Serie »Schwarzwaldklinik«, in der eine Verhaltensstörung des Sohnes von Professor Brinkmann auf die Berufstätigkeit von Brinkmanns Ehefrau zurückgeführt wurde. Ursula Lehr hielt das für großen Quatsch: »Die Berufstätigkeit der Mutter schadet dem Kind besonders dann nicht, wenn der Vater dahintersteht, wenn er eine Rolle als Berufstätiger und als Vater spielt und wenn die Frau Spaß an ihrer Berufstätigkeit hat«, sagte die CDU-Politikerin damals der Zeitschrift *Brigitte*. Kinderkrippen, so überlegte Ursula Lehr laut, böten eine Chance für alle – für Mütter und ihre Erwerbstätigkeit, für Kinder und ihre Entwicklungschancen.

Damit stand die Ministerin alleine da. Reihenweise gingen Politiker auf Distanz. Am deutlichsten taten das Lehrs Parteifreunde aus dem Süden. Bayerns damaliger Ministerpräsident Max Streibl warnte vor Verhältnissen wie in der DDR. Die CSU-Zeitung *Bayernkurier* fürchtete im Januar 1989 eine »Frühablieferung der Zweijährigen im Kindergarten, vielleicht auch noch in Windeln«. Der als vergleichsweise moderat geltende CSU-Fraktionschef im bayerischen Landtag, Alois Glück, sah in Kinderkrippen einen »sozialistischen Irrweg«, und ein Beschluss des bayerischen Kabinetts lehnte »ein Leitbild der Frau ab, das einseitig von emanzipatorischen Vorstellungen geprägt ist«, wie die *Süddeutsche Zeitung* damals berichtete.

Zahlreiche Kinderärzte applaudierten, unter ihnen die herausragenden Vertreter ihres Fachs. So wehrte sich Theodor Hellbrügge, angesehener Professor für Pädiatrie und Gründer des Kinderzentrums München, dagegen, dass eine Familienministerin versuche,»mit emanzipatorischen Ideen kleine Kinder in Krippen zu stecken«. Johannes Pechstein, Professor für Kinderheilkunde in Mainz, wetterte im *Münchner Merkur* gegen Ursula Lehr, deren Titel er konsequent in Anführungszeichen setzte:»Familienministerin«. Sein wichtigstes Argument: Die Betreuung in Krippen nütze möglicherweise den beruflichen Zielen der Frau, doch sie gefährde das Wohl eines jeden Kindes. (Solche Sätze klingen heute seltsam fremd – ungefähr so, als stammten sie aus dem Jahr 1959. Doch das stimmt eben nicht: Die Debatte lief im Jahr 1989, kurz vor dem Fall der Mauer in Berlin.)

Bessere Repräsentanten einer familialistischen Sichtweise kann ein Soziologe kaum finden. Offensichtlich war die alte Bundesrepublik dem»Modell Italien« lange Zeit sehr nahe. Sogar bei den Geburtenraten erkennt man das italienische Muster. Sie liegen in Westdeutschland seit fast vier Jahrzehnten, seit dem Pillenknick im Jahr 1973, ungefähr bei 1,3 Kindern pro Frau. Skandinavische Verhältnisse sind das nicht.

Ein bisschen Schweden

Jenseits der innerdeutschen Mauer sah die Welt der Familien anders aus. Wer die politisch geschaffenen Rahmenbedingungen in der DDR betrachtet, sieht zunächst ein Bild, das in vielem sehr»schwedisch« wirkt. So waren die Schweden weltweit die ersten, die ein Elterngeld für das erste Jahr nach der Geburt eines Kindes einführten – im Jahr 1973. Doch gleich danach (und noch vor allen anderen skandinavischen Staaten) folgte die DDR. Auch die Kinderbetreuung wurde ähnlich massiv ausgebaut wie in Skandinavien: Krippen waren alltäglich, Kindergärten sowieso.»Krippenerzieherin« und »Horterzieherin« waren eigene Ausbildungsberufe – und zwar solche mit recht hoher Reputation.

Doch es wäre naiv, hier eine simple Parallele zu ziehen. Denn die DDR ordnete alles einem einzigen Ziel unter: Die Frauen sollten arbeiten gehen, weil die ökonomisch mäßig erfolgreiche Planwirtschaft alle Werktätigen benötigte, auch die Frauen. Wie es dem Nachwuchs in den Krippen erging, war jahrzehntelang zweitrangig – Hauptsache, die Mutter konnte im volkseigenen Betrieb zur Erfüllung der Wirtschaftspläne beitragen. Wenn man hört, wie wenig kindgerecht es in den Krippen der Sechziger- und Siebzigerjahre zuging, kann man die Sorgen der westdeutschen Kinderärzte sogar nachvollziehen: Selbst DDR-Forscher kritisierten damals, dass in den Krippen etwas mehr als ein Drittel der Kinder im Verlauf von zwanzig Tagen sieben und mehr verschiedene Bezugspersonen hatte. Und wer die Bilder von Krippenkindern sieht, die alle gleichzeitig aufs Töpfchen gesetzt werden, der gibt dem Kriminologen Christian Pfeiffer recht, der im Dezember 1999 im *Spiegel* schrieb, dass »die DDR an die Tradition des preußischen Obrigkeitsstaats angeknüpft hat, also an ein Leitbild der Erziehung junger Menschen zu Untertanen«. Individualismus war in der DDR unerwünscht – anders als in Schweden, einem Land, dem autoritäre Tendenzen eher fremd waren.

Wenig »schwedisch« entwickelte sich in der DDR auch die Rolle der Männer. Denn Emanzipation der Frauen war dem sozialistischen Staat nur so lange wichtig, wie es um deren Arbeitskraft ging. »Vätermonate«, wie sie die schwedische Praxis vorsah, gab es in Ostdeutschland nicht. Was zu Hause in den Plattenbauten ablief – der mühsame Alltagstrott zwischen Herd, Waschmaschine und Kind-zur-Kita-Bringen –, blieb Sache der Frauen (was übrigens in Westdeutschland recht ähnlich war). Letztlich war es wohl nur »ein bisschen Schweden«, das in der DDR entstand. Und das, was an Skandinavien erinnerte, wurde bald nach dem Fall der Mauer abgeräumt. Das DDR-Elterngeld wurde 1990 abgeschafft, ohne dass das im Westen überhaupt jemand bemerkt hätte.

Westdeutsche Wende 2007

In den letzten Jahren begann das alte westdeutsche Modell von der staatlichen Enthaltsamkeit zu erodieren. Im Jahr 2007 einigten sich die Sozialminister der Bundesländer nach einer wegweisenden Initiative der CDU-Bundesfamilienministerin Ursula von der Leyen darauf, bis zum Jahr 2013 etwa eine halbe Million neue Krippenplätze zu schaffen. Manche Länder senkten seitdem auch die Gebühren für die Kindergärten drastisch, und alle reden sowieso ständig davon, dass der Staat die Bildungschancen für die Kleinsten steigern müsse. Was vor ein paar Jahren nur eine Minderheit formulierte, erscheint plötzlich beinahe als Konsens: Mit Geld allein ist den Familien nicht geholfen.

Es war ein erstaunlich schneller Lernprozess. Dass er – mit gelegentlichen Rückschlägen – zu gelingen scheint, hat mehrere Ursachen. So ist den Jüngeren längst klar, dass dem alten Modell die Basis weggebrochen ist: Ehen sind nicht mehr so stabil wie früher. Gut ausgebildete Frauen finden sich nicht damit ab, unbezahlte Hausarbeit zu erledigen. Männer können ihre Rolle als »Oberhaupt« einer Familie immer seltener erfüllen, schon weil ihre Jobs nicht mehr sicher sind wie noch vor ein paar Jahrzehnten.

All das fügt sich bei den meisten Jüngeren zu einem neuen, realistischen Blick auf die Familien. Im Mittelpunkt steht dabei die Erwerbstätigkeit der Frauen. Denn ohne sie wird das fragile Konstrukt einer modernen Familie viel zu unsicher – was geschieht denn, falls der Mann den Job verliert oder die Beziehung scheitert? Es drohen Armut und Abstieg. Verhindern lässt sich das aus Sicht vieler Betroffener nur, wenn die Frauen arbeiten, was sich überdies häufig mit ihren persönlichen Ambitionen deckt.

Der Constanze-Stoiber-Effekt

Ältere Bundesbürger entwickeln mitunter auch ziemlich schnell Verständnis für die Nöte der Jüngeren. Man könnte das den Constanze-Stoiber-Effekt nennen: Die Tochter des bayerischen Ministerpräsidenten, eine studierte Juristin, bekam in den Jahren nach 1999 drei Kinder – und Großvater Edmund musste beobachten, wie mühsam es für seine kluge Tochter war, im Beruf präsent zu bleiben. Plätze in der Kinderkrippe waren nicht einfach zu finden, auch Tagesmütter gab es nicht viele. Kindergartenplätze waren ebenfalls rar.

Gerade Großeltern, die mit Stolz auf die Karrieren der eigenen Kinder blicken, entwickeln in dieser Situation schnell eine Ahnung, warum mehr und bessere Kinderbetreuung wichtig ist. Von Edmund Stoiber jedenfalls sind keine abfälligen Bemerkungen über Kinderkrippen bekannt. Und als der Augsburger Bischof Walter Mixa davon sprach, dass der Ausbau der Krippen Frauen zu »Gebärmaschinen« degradieren würde, schwieg Stoiber. Fünfzehn Jahre früher hätte er wahrscheinlich applaudiert. Doch im Jahr 2007 hielt er sich zurück.

Selbst den meisten Kinderlosen in der Bundesrepublik dämmert die Bedeutung des Nachwuchses. Kinder sind zu einem knappen Gut geworden; jeder, der in den nächsten Jahrzehnten in Rente geht, hat ein Interesse daran, dass die nachfolgende Generation aus möglichst vielen gut ausgebildeten Menschen besteht. Die große Koalition von Union und SPD, die von 2005 bis 2009 regierte, fand eine angemessene Antwort auf diesen Mentalitätswandel. Sie beschloss ein Elterngeld nach skandinavischem Vorbild. Sie erhöhte die Betreuungs-Freibeträge. Sie setzte den Ausbau der Kinderkrippen auf die politische Tagesordnung. Vieles davon geschah unter erschwerten, weil föderalistischen Bedingungen: Wenn 16 Bundesländer die Notwendigkeit von Kinderkrippen einsehen sollen, dauert das länger als in einem Zentralstaat wie Frankreich, wo »durchregiert« werden kann und überdies eine Familienkasse die staatlichen Leistungen für Eltern und Kinder bündelt. Doch der Erfolg der Krippen-Ausbaupläne zeigte auch, dass das Projekt von Ursula von der Leyen kaum noch Gegner hatte. Die moderne Familienministerin konnte sich in dieser Diskussion perfekt profilieren, ganz anders als ihre Amtsvorgängerin Ursula Lehr knapp zwanzig Jahre zuvor.

Die Reflexe funktionieren noch

Trotzdem bleibt die Bundesrepublik ein Land mit familialistischen Reflexen. Das gilt inzwischen vielleicht weniger für die Kleinkinder – hier hat der Abschied von den althergebrachten Traditionen begonnen. Selbst wenn ein paar Ältere noch meinen, dass ein zweijähriges Kind vor allem die Mama braucht und nicht in eine Kita gehört, kann man prognostizieren: Diese Position wird in den nächsten Jahren verschwinden. Dem Ausbau der Kinderbetreuung stehen keine fundamentalen Bedenken der Gesellschaft mehr entgegen. Das Einzige, was den Boom der Krippen bremsen könnte, sind die klammen Finanzen von Bund, Ländern und Gemeinden.

Anders sieht das bei den Rahmenbedingungen aus, die der Staat für junge Erwachsene setzt. Zwar scheinen junge Deutsche heute sehr früh erwachsen zu werden. Eine große Klappe haben sie spätestens mit zwölf, Sex haben sie mit vierzehn, ein Auto mit achtzehn. Früher, so die verbreitete Einschätzung, lief alles erheblich langsamer: Der erste Kuss, die ersten Kreuzchen bei einer Bundestagswahl, der erste Wagen – alles wurde erst nach langem Warten gewährt. Doch diese Deutung ist so etabliert wie falsch. Wer heute zwischen zwanzig und dreißig Jahre alt ist, mag viel erlebt haben, doch eines ist er in den allermeisten Fällen nicht: ökonomisch eigenständig.

Denn für die Finanzen eines 20- oder 23-Jährigen sind immer noch in erster Linie dessen Eltern verantwortlich. Diesen selten offen formulierten Konsens konnte man im Jahr 2006 beobachten: Ein Jahr nach Start der Hartz-Reformen erregten sich in Deutschland etliche Politiker über eine aus ihrer Sicht unnötige Großzügigkeit des Sozialstaats. Seit Januar 2005 konnten junge Arbeitslose, die noch bei den Eltern lebten, in eine eigene Wohnung ziehen und bekamen vom Staat die üblichen Leistungen für Miete und Heizung bezahlt. Diese Form des Erwachsenseins war der deutschen Politik und der deutschen Öffentlichkeit schwer vermittelbar: Wieso finanziert der Staat diesen Leuten den Auszug von zu Hause, lautete eine beliebte Frage in den Kommentaren der Boulevardzeitungen.

Bald schon wurde das Gesetz korrigiert. Seit April 2006 dürfen Arbeitslose unter 25 Jahren nicht mehr ohne Zustimmung der Arbeitsagentur in ihre erste eigene Wohnung umziehen. Mit etwas Distanz fällt die seltsame Logik auf. Denn was unterscheidet einen 22-Jährigen von einem 26-Jährigen? Juristisch eigentlich nichts – der eine ist so volljährig wie der andere. Und wieso wunderte sich damals niemand darüber, dass der Staat den Familien eine Last übertrug, die er selbst nicht tragen wollte? Wahrscheinlich weil der Familialismus in der Bundesrepublik doch noch prägender ist, als man meinen möchte.

Die Eigenständigkeit junger Menschen interessiert den deutschen Staat und die deutsche Gesellschaft kaum. Auch beim Bafög zeigt sich dies: Ein Student, der zu Hause wohnt, erhält vom Staat fast so viel finanzielle Unterstützung wie derjenige, der längst ausgezogen ist. Naheliegend wäre es doch, diejenigen stärker zu fördern, die früh unabhängig sein wollen und mehr Geld benötigen, weil sie ihr Elternhaus verlassen haben. Wie das geht, kann man in Finnland beobachten: Das Land hat die Studiendarlehen für diejenigen gesenkt, die im Alter von zwanzig noch bei den Eltern wohnen. Man fragt sich, warum das in Deutschland gar nicht erwogen wird. Und man kann die Frage auch noch grundsätzlicher stellen: Warum ist das deutsche Bafög eigentlich abhängig vom Einkommen der Eltern? Woher kommt die stillschweigende Überzeugung einer Gesellschaft, dass für die einen Volljährigen – die Studenten – die anderen Volljährigen – deren Eltern – zahlen müssen?

Sogar im deutschen Kindergeld ist ein familialistischer Mechanismus eingebaut: Der Staat gewährt es auch noch für 25-jährige »Kinder«, sofern sie ihre Ausbildung nicht abgeschlossen haben. Wie merkwürdig dieses Prinzip ist, merkt man, wenn ein junger Erwachsener sich mit folgendem Satz vorstellen kann: »Mein Name ist Jan, ich bin 24 Jahre alt, studiere im neunten Semester, und meine Eltern bekommen für mich Kindergeld.« Kindergeld im Alter von 24 Jahren? In Frankreich würde man darüber lachen: Das Land zahlt Kindergeld maximal bis zum zwanzigsten Geburtstag; danach erhalten junge Paare finanzielle Unterstützung, wenn sie ein Kind bekommen und in eine eigene Wohnung ziehen.

Bislang ist das in Deutschland undenkbar. Aber vielleicht ändert sich das, wenn die Politik zur Kenntnis nimmt, was Psychologen, Ökonomen und Hirnforscher in den letzten Jahren festgestellt haben: Kindergeld für 24-Jährige ist teuer – und weitgehend wirkungslos. Die frühen Jahre der Kinder sind entscheidend. Was da verpasst wird, ist nicht mehr aufzuholen. Darunter leiden der einzelne Mensch wie die Gesellschaft, in der er lebt.

07 Mahnung der Hirnforscher

Warum die ersten Lebensjahre entscheidend sind

Wenn Wissenschaftler aus zwei, drei oder vier Fächern zusammentreffen, geht es zu wie an einer Straßenkreuzung, bei der die Ampel ausgefallen ist. Plötzlich müssen sich die Beteiligten darauf einstellen, dass alles unsicher wird, weil die wichtigste Regel – »bei Rot stehen bleiben« – nicht mehr gilt. Die Störung kann zu heftigen Zusammenstößen führen, sie kann aber auch reibungs- und konfliktarm bewältigt werden. Im Wissenschaftsbetrieb gibt es immer wieder Versuche, einen Ampelausfall absichtlich herbeizuführen – das nennt sich dann »interdisziplinärer Kongress«. Hier begegnen sich Menschen, die unterschiedliche Fächer studiert haben, sich mit verschiedenen Fragestellungen herumschlagen, andersartige Begriffe verwenden und nicht selten verständnislos auseinandergehen. Wie groß schon die begrifflichen Schwierigkeiten sind, ließ sich vor ein paar Jahren bei einem Abendessen eines solchen Kongresses beobachten: Dort fragte ein – des Englischen durchaus mächtiger – Psychologe einen Ökonomen, was die Wirtschaftswissenschaftler eigentlich meinen, wenn sie von »Workforce« sprechen. Der Ökonom erklärte, dass damit die Gesamtzahl der Arbeitskräfte gemeint sei. Der Psychologe war überrascht, denn er hatte vermutet, es ginge um die Arbeitskraft des Einzelnen, was doch einen ziemlich anderen Sinn ergibt. Und dem Beobachter wurde bei diesem Dialog mulmig: Wenn schon bei diesen sprachlichen Grundlagen das Verständnis endet – wie schwierig wird es dann, sich auf Ergebnisse oder gar Konsequenzen daraus zu verständigen? Doch gerade die Erforschung der Kindheit sollte sich auf das Wagnis eines Ampelausfalls einlassen. Dann zeigt sich nämlich, dass Psychologen, Soziologen, Hirnforscher und Ökonomen mit ihren jüngsten Befunden auf ganz ähnlichen Wegen unterwegs sind. Mag sein, dass sie aus verschiedenen Richtungen auf die Ampel zusteuern und andere Begriffe im Gepäck haben; auch ist nicht jeder Zusammenstoß ausgeschlossen. Trotzdem ist die Wahrscheinlichkeit groß, dass Wissenschaftler der vier Disziplinen an dieser Kreuzung in eine gemeinsame Richtung abbiegen. Wie gut sich ihre Befunde und Erkenntnisse ergänzen, soll das folgende Kapitel zeigen. Und diese Ergebnisse können als Basis für Korrekturen der derzeitigen Sozialpolitik dienen, von denen in den Kapiteln danach die Rede sein wird.

Der kompetente Säugling

Noch vor ein paar Jahrzehnten waren Eltern, Hebammen und Kinderärzte einer Meinung: Ein Säugling kriegt von seiner Umwelt nicht viel mit. Die meiste Zeit döst er vor sich hin, manchmal trinkt er an der Brust der Mutter, manchmal macht er in die Windel. Dass ein Baby in den ersten Wochen und Monaten nach der Geburt besonders viel lernen würde, konnte doch wirklich niemand behaupten. »Neben der Nahrung spielten nur noch der Schlaf und die Hygiene eine zentrale Rolle«, sagt die Entwicklungspsychologin Sabina Pauen. »Im Grunde behandelte man Babys wie kleine Pflanzensprösslinge, die nach einem festgelegten biologischen Plan reifen, wenn man für die richtigen physikalischen Rahmenbedingungen sorgt und sie ansonsten möglichst in Ruhe lässt.«
Diese Ansicht hielt sich bis in die Achtzigerjahre. Dann ka-

men die ersten Befunde aus Säuglingslaboren in den USA. Dort versuchte zum Beispiel die Psychologin Elizabeth Spelke herauszufinden, was Säuglinge über physikalische Phänomene denken. Spelke ließ sich dafür kleine, intelligente und unschädliche Experimente einfallen, die das Problem umgehen sollten, dass ein Baby nicht sprechen kann. Doch messbar ist, wie lange es einen Gegenstand aufmerksam beobachtet. Und das nutzte Spelke aus.

So baute sie zum Beispiel eine kleine Bühne, die ein sechs Monate altes Baby gut beobachten konnte. An den vorderen Rand der Bühne montierte sie einen undurchsichtigen Wandschirm. Einen roten Holzklotz stellte Spelke so auf, dass das Baby ihn nur halb sehen konnte; die andere Hälfte des Klotzes blieb vom Wandschirm verdeckt. Dann begann das Experiment: Von einer Seite der Bühne glitt ein blauer Holzklotz langsam auf den Schirm zu. Bald verschwand der blaue Klotz hinter dem Wandschirm; kurz danach setzte sich der andere, rote Holzklotz in Bewegung.

Ein erwachsener Zuschauer würde daraus einen einfachen Schluss ziehen: Hinter dem Wandschirm hat der blaue Klotz den roten angestoßen. Doch wie reagiert ein Baby darauf?

Spelke zeigte ihren Versuchs-Babys diesen Ablauf so lange, bis sie sich nicht mehr dafür interessierten und wegschauten. Danach veränderte Spelke die Bühne: Der Wandschirm wurde entfernt; die Babys konnten nun ungehindert beobachten, wie sich die Holzklötze bewegten. Jetzt führte Spelke den kleinen Probanden zwei verschiedene Varianten vor: In der einen Version stieß der blaue Holzklotz den roten Klotz tatsächlich an. In der zweiten Version stoppte der blaue Holzklotz vorher; trotzdem setzte sich der rote Klotz in Bewegung.

Spelke ermittelte dabei mit der Stoppuhr, welche Version die Babys länger interessierte. Und sie stellte einen Unterschied fest: Die Version ohne Zusammenstoß der Klötze beschäftigte die Babys länger. Offenbar, so schloss Spelke daraus, verletzte dieser seltsame Ablauf ihre Erwartungen, weshalb sie sich länger damit befassten. Das deutet darauf hin, dass ein sechs Monate altes Baby bereits irgendwie über den Zusammenhang von Ursache und Wirkung nachdenkt – jedenfalls bemüht sich sein Gehirn, Regeln zu erkennen, und wundert sich, wenn eine Regel verletzt wird.

Mit Spelkes Experimenten begann ein Boom der Babyforschung. Vor allem in den USA, aber auch in Europa entstanden Säuglingsforschungslabore. Immer neue Versuche wurden und werden erdacht, um das Denken der Winzlinge zu ergründen. Gefragt wurde, ob vier Monate alte Babys schon einen Unterschied zwischen einer Menge von zwei und drei Punkten machen (ja) und ob sie auch zwischen vier und sechs Punkten unterscheiden können (nein). Gefragt wurde, ob neun Monate alte Babys beim Filmgucken zwischen Jäger und Gejagtem unterscheiden konnten (ja) und ob zehn Monate alte Babys zwischen belebten und unbelebten Objekten differenzieren (ebenfalls ja).

Nun könnte man einwenden: Mit richtigem Zählen, gar mit erwachsenem Denken hat das doch nichts zu tun. Das mag richtig sein. Natürlich kann ein Baby nicht laut zählen oder verstehen, was mit den Wörtern »eins« oder »drei« gemeint ist. Doch bemerkenswert ist, dass Babys Unterschiede zwischen kleinen Mengen von irgendwelchen Dingen erkennen. Und das bedeutet ja, dass die Gehirne der Babys irgendeine Art von Konzept für das haben, was wir »Menge« oder »Zahl« nennen. Aus der Sicht eines Babys kann man sich das vielleicht als Erstaunen vorstellen: »Hoppla, bisher sahen die Punkte doch anders aus – jetzt sind es plötzlich mehr geworden. Das schaue ich mir genauer an.« Das sollte man nicht »Zählen« nennen – doch wenn ein vier Monate altes Baby solche Unterschiede wahrnehmen kann, ist es dennoch eine enorme Kompetenz, auf der später wahrscheinlich das exakte Zählen aufbauen wird.

Wow, ein echter Modi!

Schon wenn Kinder zwei Jahre alt sind, können sie die Sichtweise eines anderen Menschen erfassen. Ein Experiment von Michael Tomasello, das dies belegt, hat es zu einiger Berühmtheit gebracht: Ein zweijähriges Kind spielt gemeinsam mit seiner Mutter und einem Versuchsleiter. Drei Spielsachen stehen zur Verfügung; alle waren dem Kind bislang unbekannt – etwa ein Jo-Jo, ein afrikanisches Daumenklavier und eine Eieruhr. Wichtig ist, dass beim Spielen kein Erwachsener diese Spielzeuge mit Namen benennt.

Nach einer Weile verlässt die Mutter das Zimmer. Nun holt der Versuchsleiter ein viertes Spielzeug heraus, zum Beispiel ein Plastikkästchen, das bei Tastendruck Töne erzeugt. Auch damit darf das Kind so lange spielen, wie es Lust hat; danach wird das Kästchen in ein Regal zu den anderen drei Spielsachen gelegt. Die Mutter kehrt jetzt zurück und »entdeckt« das neue Plastikkästchen im Regal. Ohne auf das Kästchen zu deuten, ruft sie begeistert ein Fantasiewort aus: »Oh, ein Modi! Wow, ein echter Modi. Schau mal den Modi an.« Später lässt sich bei einem Wissenstest feststellen, dass sehr viele Kinder genau jenes Spielzeug als »Modi« erkennen, das die Mutter vorher nicht gesehen hatte. Offenbar haben die Kinder kapiert, dass die ersten drei Spielsachen eben nicht der »Modi« sind. »Auf eine gewisse Weise wissen Kleinkinder, was andere Menschen wissen«, interpretieren Henrike Moll und Michael Tomasello diesen Versuch – »zumindest, indem sie wissen, welches Objekt ein Erwachsener vor einigen Minuten verwendet hat und welches nicht.«

Eine große Zahl ähnlicher, beeindruckender Ergebnisse weist darauf hin, dass kleine Kinder eben doch mehr brauchen als Nahrung, Schlaf und Hygiene. »Kinder sind zu jedem Zeitpunkt ihrer Entwicklung weitaus kompetenter, als wir bisher angenommen haben«, sagt der Göttinger Neurowissenschaftler Gerald Hüther. Trotzdem muss man festhalten, dass Neugeborene keine kleinen Genies sind – sie lernen in den ersten Monaten viel, aber längst nicht alles, betont die Entwicklungspsychologin Sabina Pauen: »Babys unter einem Jahr sind zu komplexen geistigen Leistungen fähig und haben noch vor ihrem ersten Geburtstag in allen wichtigen Inhaltsbereichen das Fundament für ihre weitere Wissensentwicklung gelegt. Dennoch unterscheiden sich ihre Wahrnehmung und ihr Denken wesentlich von der Wahrnehmung und dem Denken Erwachsener.«

Die neue experimentelle Forschung sagt freilich noch nichts darüber, was in der kindlichen Entwicklung schiefgehen kann – sie weist aber darauf hin, dass es für die *kognitive Entwicklung* eben nicht egal ist, wie man mit Säuglingen, Krippen- und Kleinkindern umgeht. Bei der *emotionalen Entwicklung* der Kinder ist dieses Wissen schon länger verbreitet: Wahrscheinlich würden heute die meisten Eltern dem Satz zustimmen, dass es für ein Kleinkind von enormer Bedeutung ist, ein Gefühl von familiärer Geborgenheit zu haben. Seit den Fünfzigerjahren haben Psychologen und Psychoanalytiker dafür eine Fülle von Belegen gesammelt – Mary Ainsworth etwa wies nach, dass eine sichere Beziehung der Mutter zu ihrem einjährigen Kind langfristig zu den wirkmächtigsten Faktoren gehört: Ein einjähriges, sicher gebundenes Kind ist später im Kindergarten und in der Schule seltener sozial auffällig, es ist fantasievoller, hat ein höheres Selbstwertgefühl und neigt weniger zu Depressionen als ein unsicher gebundenes Kind. Auch das deutet mit Nachdruck darauf hin, wie viel sich schon in der frühen Kindheit entscheidet.

Die verwahrlosten Waisenkinder

Natürlich sind Experimenten ethische Grenzen gesetzt: Kein Wissenschaftler darf Kinder in miserablen Verhältnissen aufwachsen lassen, um zu erfahren, was ihnen schadet und was sie vielleicht gerade noch ohne Beeinträchtigung aushalten. Und wenn ein Psychologe oder ein Hirnforscher ein misshandeltes oder ein gefährdetes Kind trifft, sollte er zunächst dem Kind zu helfen versuchen und allenfalls danach seinen Forschungsfragen nachgehen. Das ist – nach grauenerregenden Experimenten im nationalsozialistischen Deutschland – inzwischen Konsens unter den Forschern der zivilisierten Welt.

Manchmal freilich können sich Engagement und Erkenntnisinteresse ergänzen. Das zeigte sich im Herbst 1989, kurz vor dem Ende des Warschauer Pakts. In Rumänien rebellierte damals – wie in allen Nachbarstaaten – das Volk gegen die Herrscher. Überall auf der Welt sah man in den Fernsehnachrichten Bilder von der Erschießung des rumänischen Diktators Ceauşescu und seiner Frau; bald danach liefen Filme aus Waisenhäusern des Landes, in denen Babys und Kinder unter schrecklichen Bedingungen lebten. Sie waren verdreckt, verwahrlost und vereinsamt. Sie vegetierten hinter Gittern, in Schlamm und Kot, sie waren unterernährt, ständig krank und geistig zurückgeblieben. »Irecuberabili« nannte man sie in Rumänien, die »Unwiederbringlichen«.

Es waren viele. Seit den Sechzigerjahren hatten die sozialistischen Regierungen die Kindeserziehung in Heimen propagiert. Armut und Not brachten viele Eltern dazu, dieses »Angebot« anzunehmen. So wurden in den knapp dreißig Jahren insgesamt wohl mehr als 100.000 Babys in den staatlichen Waisenhäusern Rumäniens abgegeben. Und noch im Jahr 2006 lebten dort mindestens 30.000 Kinder.

Der amerikanische Kinderarzt Charles Nelson, der an der Harvard Medical School in Boston lehrt, kam in den Neunzigerjahren zum ersten Mal in die rumänische Hauptstadt Bukarest. Das Leid der Kinder in den Waisenhäusern entsetzte ihn. Doch gleichzeitig wollte er wissen, wie sich Kleinkinder entwickeln, die die ersten Lebensjahre unter solch katastrophalen Umständen verbracht hatten. Gemeinsam mit dem Kinderpsychiater Charles Zeanah entwickelte er das »Bucharest Early Intervention Projekt«, die Bukarester Interventionsstudie.

Im Jahr 2001 wählten die Wissenschaftler 136 Waisenhaus-Kinder aus, die im Mittel knapp zwei Jahre alt waren. Nach dem Zufallsprinzip kam die eine Hälfte zu Pflegeeltern, die zuvor mit speziellen Kursen auf diese Arbeit vorbereitet worden waren. Die andere Hälfte blieb im Waisenhaus, allerdings – um ihnen die Chance auf eine bessere Zukunft zu belassen – wurde festgelegt, dass jedes Kind sofort aus dem Waisenhaus und damit aus der Studie »entlassen« würde, falls sich eine Pflegefamilie fände oder falls die biologischen Eltern es wieder aufnehmen würden. Alle 136 Kinder wurden von den amerikanischen Forschern immer wieder untersucht, im Alter von 30, 42 und 54 Monaten und schließlich noch einmal im Alter von acht Jahren. Derzeit bereiten Nelson und seine Kollegen die nächste Testrunde vor.

Immer wieder zeigte sich, welch dramatische Folgen die Vernachlässigung in den rumänischen Waisenhäusern hatte. So wuchsen die Kinder im Waisenhaus weniger schnell als in einer Pflegefamilie. Charles Nelson drückt das sogar in einem mathematischen Quotienten aus: Jedes Vierteljahr im Waisenhaus führt dazu, dass ein Kind einen Zentimeter weniger wächst – es »verliert« gewissermaßen Größe, die es unter besseren Bedingungen erreichen würde. Erschreckende Fotos von älteren Kindern dokumentieren dies auch: Da steht ein 11-jähriges Mädchen im Waisenhaus neben einer erwachsenen Frau, doch sie reicht ihr nicht einmal bis zur Hüfte. Und ein 17-jähriger Junge ist so klein und schmächtig geblieben, dass er einem Erwachsenen nur ungefähr bis zum Bauchnabel reicht.

Der Fremde an der Tür

Ein Experiment, das Nelson mit Kindern im Alter von viereinhalb Jahren machte, zeigt, wie steuerbar, wenig selbstbewusst und gefährdet die Kinder aus rumänischen Waisenhäusern sind. Das Experiment begann, indem ein vermeintlich Fremder, den das viereinhalbjährige Kind noch nie zuvor gesehen hatte, an der Tür klingelte. Nachdem eine Betreuerin und das Kind geöffnet hatten, sagte der Fremde zum Kind: »Komm mal mit, ich muss dir etwas zeigen.« Wie reagierten die Kinder? Wenn sie von Geburt an in normalen Familien aufgewachsen waren, blieben sie höchst skeptisch: Weniger als fünf Prozent von ihnen folgten dem Unbekannten, fand Nelson heraus. Doch die Mehrzahl derer, die in einem rumänischen Waisenhaus lebten, hatte dem Willen des Mannes nichts entgegenzusetzen. Mehr als die Hälfte von ihnen folgten der Aufforderung des Fremden. (Kinder aus den Pflegefamilien lagen etwa in der Mitte zwischen beiden Gruppen – offenbar waren bei ihnen Selbstbewusstsein und Vorsicht schon ausgeprägter als bei den Waisenhaus-Kindern.) Das bedeutet allerdings nicht, dass die Kinder aus dem Waisenhaus keine Angst kannten – im Gegenteil: Fast die Hälfte von ihnen litt an Angststörungen, fand Nelson heraus. Diese Kinder waren also nicht besonders vertrauensvoll, sondern besonders wenig selbstbewusst.

Markant fielen auch die Intelligenztests aus. Jene Kinder, die dreißig Monate zuvor aus dem Waisenhaus geholt und in Pflegefamilien gebracht wurden, hatten einen fast zehn Punkte höheren Intelligenzquotienten als diejenigen, die im Waisenhaus bleiben mussten. Dieser Unterschied wird, wie Nelson feststellte, umso größer, je jünger ein Kind beim Verlassen des Waisenhauses war.

Wer aus dem Waisenhaus in eine Pflegefamilie kam, holte einen Teil der verpassten Intelligenzentwicklung nach. Doch auch ein früher Umzug in die Pflegefamilie kompensierte nicht alles, so Nelsons Erkenntnis. Messungen von Hirnströmen zeigten das, und so gibt Nelson ein klares Plädoyer für die Pflegefamilie ab:»Wenn man Kinder aus dem Waisenhaus holt und in Pflegefamilien unterbringt, steigt ihr Intelligenzquotient und ihre Hirnentwicklung bessert sich – und zwar umso mehr, je früher die Kinder das Waisenhaus verlassen können.« Natürlich kann man Charles Nelsons Ergebnisse als Warnung vor dem Waisenhaus rumänischen Stils lesen – und das sollte man auch. Für Deutschland scheint das auf den ersten Blick nicht besonders bedeutsam zu sein. Denn Kinderheime in der Bundesrepublik haben sich inzwischen von den finsteren Traditionen gelöst: Zwar wurden auch hier bis in die Siebzigerjahre Kinder von Erziehern geprügelt, misshandelt und vernachlässigt. Doch im Jahr 2011 hat Heimerziehung einen anderen Charakter: Kinder kommen in ein deutsches Heim, wenn Eltern mit der Erziehung dramatisch überfordert sind (oder wenn es keine Eltern mehr gibt) – doch die Heimplätze sind dank guter Personalausstattung und kleiner Gruppen inzwischen so teuer, dass manche Kommunen sie gern durch billigere Varianten der Betreuung ersetzen möchten.

Auf den zweiten Blick lassen sich Nelsons Ergebnisse allerdings durchaus für die deutsche Debatte nutzen. Denn wieder einmal – wie schon bei den Experimenten mit den»denkenden Babys« – weist die Wissenschaft darauf hin, wie wichtig die frühen Jahre sind: Wenn ein Kind massiv vernachlässigt wird, hat das schnell dramatische Konsequenzen für seine körperliche Entwicklung, seine Intelligenz und seine Gefühle. Und: Hilfe ist nicht ausgeschlossen. Zwar lassen sich die Erfahrungen in einem rumänischen Waisenhaus nicht ungeschehen machen. Doch Kinder entwickeln sich besser, wenn sie das Waisenhaus verlassen und in eine Pflegefamilie kommen. Jeder Monat, den ein Kind weniger unter schwierigen Bedingungen verbringt, hilft ihm.

Dem Hirn bei der Arbeit zusehen

Die Hirnforschung hat in den letzten Jahren rasante Fortschritte gemacht. Ihre bildgebenden Verfahren, »Magnet-Resonanz-Tomografie« und »Positronen-Emissions-Tomografie« genannt, liefern immer genauere Aufnahmen vom Inneren des menschlichen Schädels. Solche Bilder zeigen mit ungeheurer Präzision, welche Hirnregionen aktiv sind, wenn ein Mensch zum Beispiel liest, erschrickt oder schläft. »Man kann dem Hirn bei der Arbeit zuschauen, ohne den Kopf zu öffnen«, sagt der Neurowissenschaftler Manfred Spitzer. Diese Einblicke *beschreiben* nur, sie *erklären* noch nicht besonders viel. Doch die Bilder zeigen interessante Unterschiede und Entwicklungen. Zum Beispiel machen sie deutlich, was die Hirnentwicklung des Menschen von der Hirnentwicklung anderer Säugetiere unterscheidet. Den wichtigsten Unterschied hat der Neurobiologe Gerald Hüther exzellent formuliert: »Keine andere Spezies kommt mit einem derart offenen, lernfähigen und durch eigene Erfahrungen formbaren Gehirn zur Welt wie der Mensch. Nirgendwo im Tierreich sind die Nachkommen beim Erlernen dessen, was für ihr Überleben wichtig ist, so sehr auf Fürsorge und Schutz, Unterstützung und Lenkung durch die Erwachsenen angewiesen. Und bei keiner anderen Art ist die Hirnentwicklung in solch hohem Ausmaß von der emotionalen, sozialen und intellektuellen Kompetenz der erwachsenen Bezugspersonen abhängig wie beim Menschen.«

Im Gehirn, sagt Hüther, gehe es zu wie auf einer Baustelle mit Schichtbetrieb: Ständig wird an das, was vorhanden ist, etwas Neues angefügt. Schon während der Embryo im Bauch der Mutter heranwächst, wird auf dieser Baustelle am Fundament herumgewerkelt. Dann entwickeln sich zum Beispiel besonders viele Nervenzellverbindungen (Synapsen) im Hirnstamm, der evolutionsbiologisch zu den ältesten Teilen des

Gehirns gehört und Atmung, Herzschlag und Stoffwechsel beeinflusst. Andere Teile der Baustelle werden erst später bearbeitet; als Letztes ist der Bereich dran, der »präfrontaler Kortex« (Stirnlappen) heißt.

Ein Experiment aus dem Jahr 2006 liefert einen Hinweis, wofür dieser präfrontale Kortex (auch) zuständig ist. Die Psychologin Daria Knoch, der Ökonom Ernst Fehr und der Neurologe Alvaro Pascual-Leone setzten bei Testpersonen mittels magnetischer Stimulation einen Teil des präfrontalen Kortex zeitweise außer Kraft. Dann sollte jeder Proband beim »Ultimatumspiel« mitmachen: Er erfuhr, dass ein anonymer Dritter zwanzig Dollar besaß, die er zwischen sich und dem Probanden aufteilen sollte. Wie viel der Unbekannte abgab, konnte dieser selbst entscheiden. Der Proband konnte dann die Aufteilung annehmen oder ablehnen. Tückisches Detail: Lehnte der Proband ab, bekamen beide – also er selbst sowie der anonyme Dritte – überhaupt keinen Dollar. Das bringt die Versuchspersonen also in einen Konflikt: Werden ihnen zum Beispiel bloß fünf der zwanzig Dollar angeboten, empfinden sie das als extrem ungerecht – doch falls sie ablehnen, schaden sie sich selbst: Dann bekommen sie statt fünf Dollar eben gar nichts. Der Widerstand gegen mangelnde Fairness kollidiert also mit dem eigenen Vorteil.

Normalerweise zeigt sich bei diesem Versuch, wie wichtig den Menschen Fairness ist. Bis zu achtzig Prozent der Probanden lehnen ab, wenn ihnen weniger als 25 Prozent der Gesamtsumme angeboten werden. Im Experiment von Fehr und seinen Kollegen war das allerdings anders: Sobald ein Teil des präfrontalen Kortex außer Kraft gesetzt war, erschien den Probanden die Fairness plötzlich deutlich weniger wichtig. Sie nahmen auch ein Fünf-Dollar-Angebot an, weil es ihnen Nutzen versprach.

Im präfrontalen Kortex geht es um noch viel mehr als um das Empfinden von Fairness. Hier entwickeln sich Kontakte zwischen Nervenzellen, die für jeden Einzelnen und für die gesamte Gesellschaft von größter Bedeutung sind. Sie geben dem Menschen ein Bild von sich und seiner Stellung in der Welt. Sie erlauben ihm, sein Tun zu planen und zu beurteilen. Sie helfen ihm, Fehler zu entdecken und Korrekturen vorzunehmen. Und sie erlauben einem Menschen, sich in andere hineinzuversetzen. Man darf sich den präfrontalen Kortex also keinesfalls als Wissensspeicher vorstellen. Fachliche Fähigkeiten haben im Gehirn einen anderen Platz. Der präfrontale Kortex erinnert eher an den umsichtigen Manager eines erfolgreichen Unternehmens. Er interessiert sich nicht für die kleinen Details eines Problems, sondern für die große Strategie der Firma. Er erkennt eigene und fremde Fehler, kann korrigierend eingreifen und dabei auch Frustrationen aushalten. Dieser Manager ist motiviert, flexibel und leistungsbereit. Und doch geht er achtsam mit sich und seinen Mitarbeitern um. Man kann es wie Gerald Hüther auch umgekehrt formulieren: »Ohne präfrontalen Kortex kann man nichts planen, kann man die Folgen von Handlungen nicht abschätzen, kann man sich nicht in andere Menschen hineinversetzen und deren Gefühle teilen, auch kein Verantwortungsgefühl entwickeln.«

Das Fundament entscheidet

Damit stellen sich drei Fragen: Wann entwickeln sich bei einem Kind die wichtigsten Verbindungen im präfrontalen Kortex? Unter welchen Bedingungen gelingt dieser Prozess? Und was gefährdet eine positive Entwicklung?

Die Frage nach dem Zeitraum lässt sich nicht mit pauschalen Monats- oder Jahreszahlen beantworten. Doch Hirnforscher sind sich einig, dass in einem Kinderkopf schon vor dem sechsten Lebensjahr Entscheidendes geschieht. Bis dahin nämlich werden im präfrontalen Kortex Millionen von neuen

Nervenverbindungen gebildet, die darauf warten, benutzt und stabilisiert zu werden. Jene Nervenverbindungen, die nicht benutzt werden, degenerieren danach allmählich. Mit dieser Entwicklung ist der präfrontale Kortex zwar spät dran, denn in anderen Hirnregionen entstehen diese Nervenverbindungen zum Teil deutlich früher. Doch wichtig ist, dass zentrale Fähigkeiten eines Kindes schon *vor der Schulzeit* geprägt werden: Wie motiviert ein Kind ist, wie gut es etwas planen und sich konzentrieren kann, ist zu einem großen Teil angelegt, wenn es am ersten Schultag seinen ersten Lehrer trifft.

Zwar wird kein Hirnforscher behaupten, dass zu diesem Zeitpunkt bereits Motivation, Konzentrationsfähigkeit und Planungskompetenzen eines Kindes determiniert seien – denn auch bei einem Drittklässler kann sich der präfrontale Kortex weiterentwickeln. Doch vielleicht hilft die Metapher von der Baustelle weiter: Das Fundament ist am ersten Schultag gelegt. Nun erfolgt, wenn die Basis stimmt, der Aufbau eines aufwändigen Hauses, das wir »Bildung« nennen. Mag sein, dass noch Verbesserungen am Fundament möglich sind. Doch sie sind umso schwieriger, je mehr Mauern schon stehen.

Die zweite Frage – die nach den Bedingungen einer gelingenden Entwicklung des präfrontalen Kortex – ist auf einer abstrakten Ebene relativ leicht zu beantworten: Kinder müssen viele Erfahrungen machen, damit sich ihr Gehirn und dessen präfrontaler Kortex gut entwickeln. »Nur solche Verknüpfungen im Hirn des Kindes bilden sich langfristig aus, die auch in der konkreten Lebenswelt regelmäßig aktiviert werden«, sagt Gerald Hüther. Diese Aktivierung geschieht demnach vor allem, wenn Kinder ihren Körper erfahren – wenn sie auf dem Spielplatz toben, wenn sie Fahrrad fahren, wenn sie singen. Letzteres sei eine feinmotorisch höchst anspruchsvolle Übung, sagt Hüther: »Das kindliche Hirn muss die Stimmbänder so virtuos modulieren, dass haargenau der richtige Ton rauskommt.« Dies sei eine gute Voraussetzung für spätere, hochdifferenzierte Denkweisen – und zudem eine emotionale Stärkung, so Hüther:»Kinder erfahren beim Singen etwas Erstaunliches – nämlich, dass man keine Angst haben kann, wenn man singt.«

Jede solche Erfahrung ist für ein Kind nützlich, betonen Neurobiologen: Wenn einem Kind etwas gelingt – wenn es zum Beispiel die ersten Meter auf dem Fahrrad alleine fährt –, reagieren die »Belohnungszentren« im Zwischenhirn. Sie schütten Dopamin aus, was sich für das Kind (wie auch für einen Erwachsenen) wunderbar anfühlt: Eine »Dopamindusche« ist gleichbedeutend mit einem Gefühl der Euphorie. Außerdem geschieht noch etwas Wichtiges: Dopamin hilft, die Erfahrung eines Moments ins Langzeitgedächtnis zu übernehmen. Damit trägt es dazu bei, dass Verbindungen von Nervenzellen gestärkt und gefestigt werden. So unterstützt Dopamin jeden erfolgreichen Lernprozess gleich doppelt: Es belohnt den Lernenden mit einem kurzen High-Gefühl – und es sorgt dafür, dass das Gelernte nicht gleich wieder vergessen wird.

Im präfrontalen Kortex entwickelt ein Kind, wenn solche Lernprozesse ablaufen, allmählich ein Selbstbild. Dieses gründet auf vielen einzelnen Erfahrungen: »Ich kann Fahrrad fahren, wenn ich mich konzentriere«, hat das fünfjährige Mädchen festgestellt. »Ich muss aufpassen, dass ich nicht mit jemandem zusammenstoße. Und ich kann wieder aufstehen, wenn ich vom Pedal abgerutscht und hingeknallt bin«, lauten weitere Erfahrungssätze. Weil die Fünfjährige bereits Tausende solcher Erfahrungen gemacht hat, ist in ihrem präfrontalen Kortex schon viel geschehen.

Die fatale Angst

Zwei Dinge gefährden diese positiven Entwicklungen. Das erste Risiko: Kann ein Kind zu wenige Erfahrungen machen, dann erhält sein Gehirn zu wenige Gelegenheiten, den präfrontalen Kortex ausreichend zu entwickeln. In Alltagssituationen übersetzt: Solchen Kindern wird nichts vorgelesen (»Vorlesen ist Treibstoff für die kognitive Entwicklung«, sagt die Entwicklungspsychologin Elsbeth Stern so schön). Diese Kinder toben nicht herum, weder auf dem Spielplatz noch im Schwimmbad. Sie singen nicht und basteln nicht – stattdessen sitzen sie vor dem Fernseher. Und dieser, da sind sich Hirnforscher einig, erlaubt einem Kind nicht, eigene körperliche Erfahrungen zu machen. (Bemerkenswert ist, wie einheitlich die Kritik führender Hirnforscher am Fernsehkonsum ausfällt: Gerald Hüther wie Manfred Spitzer und ihr Kollege Henning Scheich warnen mit den gleichen Argumenten, dass jeder Fernsehkonsum den Kindern Chancen raubt. »Sobald ein Kind vor dem Fernseher sitzt, spürt es den Körper nicht mehr«, sagt Hüther. »Es wird nicht krabbeln, nicht umherspringen, nicht balancieren, schon gar nicht auf Bäume klettern. Das ist gestohlene Körperlernzeit.«)

Das zweite Risiko ist die Angst. Neurowissenschaftler haben inzwischen begriffen, dass kaum etwas einen Lernprozess so sehr gefährdet wie Angst. Sie schafft im Gehirn eine erhebliche Unruhe und Erregung. Dies führt dazu, dass ein wichtiger Prozess ins Stocken gerät: Im Gehirn wird Neues nicht mehr abgeglichen mit bereits gemachten Erfahrungen und Erinnerungen. Das bedeutet: Wirkliches Lernen ist unmöglich geworden. »Oft werden die Erregung und das Durcheinander im Kopf sogar so groß, dass auch bereits Erlerntes nicht mehr erinnert und genutzt werden kann«, sagt Hüther. Dann bleibe einem Kind nur der Rückfall in atavistische Verhaltensweisen: Es könne angreifen, indem es schreit oder schlägt. Es könne sich zurückziehen und stur stellen. Oder es könne sich unterwerfen. »Jedes Kind verliert so seine Offenheit, seine Neugier und sein Vertrauen – und damit die Fähigkeit, sich auf Neues einzulassen«, sagt Hüther.

Hirnforscher wie Entwicklungspsychologen betonen also gleichermaßen die Bedeutung früher Erfahrungen: In den ersten Lebensjahren kann viel mehr entstehen, als uns bewusst ist. Allerdings kann auch viel mehr schiefgehen. Die schrecklichen Erfahrungen der »Irecuberabili« erinnern daran.

Das Zeitfenster-Missverständnis

Trotzdem sind zwei Einschränkungen angebracht. Seit Neurowissenschaftler ihre Bilder vom menschlichen Gehirn bei der Arbeit zeigen, hat sich die öffentliche Debatte über das Lernen verändert. Manchmal hat man den Eindruck, nun seien endlich alle Fragen beantwortet, die man jemals über die Schule, die Lehrer und das richtige Verhalten der Eltern hatte. Doch das ist ein Irrtum. Denn Hirnforscher können vor allem Bilder und Beschreibungen erstellen; in manchen Fällen werden sie damit Altbekanntes illustrieren, in manchen neue Zusammenhänge entdecken. Vielleicht ist es mit den Hirnscans so ähnlich wie mit der Technik des Fotografierens, die vor hundertfünfzig Jahren entwickelt wurde: Schon etliche Jahre zuvor hatte Goethe beschrieben, wie sehr ihm die italienische Küste bei Amalfi gefiel. Doch erst die Fotografien der Region haben dieses Wissen auch jenen Menschen zugänglich gemacht, die sich keine »Italienische Reise« leisten konnten. Das fotografische Bild von Amalfi widerspricht Goethes Versen nicht – es ergänzt sie. Und so sollten wir es mit der Hirnforschung halten, die nun die Bedeutung der frühen Kindheit hervorhebt: Wenn damit auch Neurowissenschaftler diese These vertreten – umso besser. Drei Argumente für eine gute Sache sind besser als zwei. Und vier sind besser als drei.

Die andere Einschränkung betrifft die Angst vieler Eltern, sie könnten in entscheidenden Lernphasen ihrer Kinder etwas verpassen und damit Chancen vergeben, ihren Nachwuchs ausreichend zu fördern. Der Begriff der »kritischen Zeitfenster« ist in diesem Zusammenhang besonders beliebt. Demnach sollen Kinder bestimmte Lernprozesse in einem bestimmten Alter bewältigen, weil diese Prozesse später wesentlich schwieriger seien. Als Belege dienen Experimente aus dem Tierreich: Ein kleiner Singvogel lernt seinen Gesang vom Vater, der in der Nähe des Nestes trällert. Tut der Vater das nicht oder nur selten, wird aus dem Singvogel-Küken mit Sicherheit ein schlechter Sänger – egal, was er später erlebt, nachdem er das Nest verlassen hat.

Solche Ergebnisse verunsichern viele Eltern: Muss ich meinem fünfjährigen Sohn die Grundlagen der Physik beibringen, weil sich sonst ein »Zeitfenster« schließt? Braucht die vierjährige Tochter zusätzlich zum Kindergarten einen Englischkurs, weil sie andernfalls in der Welt des globalen Wettbewerbs später nicht mithalten kann? Wie verbreitet solche Ängste sind, zeigt der Erfolg von teuren Angeboten wie den Englischstunden der Franchise-Firma Helen Doron oder den Mathekursen der japanischen Privatschulkette Kumon: Hier zahlen Eltern viel Geld, um nur ja kein »Zeitfenster« zu verpassen.

Dabei deutet nichts darauf hin, dass sich diese Investition lohnt. Denn echte neurobiologische Unterschiede zwischen denen, die etwas früh, und denen, die etwas später lernen, sind bisher nur für den Spracherwerb nachgewiesen. Da zeigen die Bilder der Hirnforscher tatsächlich, dass es einen Unterschied macht, ob ein Mensch eine Sprache vor oder nach dem dritten Geburtstag gelernt hat. Doch ein Zusatzkurs kompensiert das nicht: Zweisprachige Kinder, deren Gehirne sich anders entwickeln, leben nun mal von Anfang an in zwei Sprachwelten. 45 oder 90 Minuten pro Woche reichen nicht aus, um dies auch nur annähernd aufzuholen. Und die eigene

Muttersprache zu wechseln – das werden nicht einmal Eltern schaffen, die sonst keine Mühe scheuen, ihr Kind zu fördern. (Obwohl: Auf Spielplätzen am Prenzlauer Berg in Berlin oder im Münchner Glockenbachviertel sind manchmal deutsche Eltern zu hören, die mit ihren Zweijährigen Englisch reden – mit hartem Akzent, aber beseelt vom Glauben, ein kindliches »Zeitfenster« zu nutzen. Diese Kinder können einem leidtun: Der Ehrgeiz ihrer Eltern konzentriert sich auf die vermeintliche Optimierung der Lebenschancen und erinnert ein wenig an den strengen Drill einer bürgerlichen Familie im Wilhelminismus, als Kinder auch nicht einfach Kinder sein durften.)

Vielleicht sollte man den ängstlichen Eltern einen anderen Rat geben, der aus der Zeit weit vor der modernen Hirnforschung stammt. Der großartige britische Kinderarzt und Psychoanalytiker Donald Winnicott entwickelte 1949 die Idee, dass es für einen Säugling ausreichend sei, wenn seine Mutter »gut genug« ist. Dieses »good enough parenting« gebe dem Kind genug Wärme, Halt und Anregung, um ihm einen guten Start ins Leben zu ermöglichen. Winnicotts Konzept kann besorgte Eltern entlasten: Es kommt nicht darauf an, immer alles optimal zu machen. »Gut genug« ist schon genug.

Gleichzeitig legt Donald Winnicotts Konzept die Frage nahe, was aus Sicht der Psychologen nicht »gut genug« für ein Kind ist. Wer darüber nachdenkt, entfernt sich von den Scheinproblemen der überambitionierten Mittelschicht und wendet sich den Kindern zu, die tatsächlich dringend Unterstützung nötig haben. Was sie brauchen, um sich in unserem Land künftig besser zurechtzufinden – damit beschäftigen sich die folgenden Kapitel. Es ist keine lapidare Frage, denn keine Gesellschaft kann hinnehmen, dass etwa zwanzig Prozent ihrer Kinder mit dramatisch schlechten Chancen aufwachsen.

Diesen Kindern muss geholfen werden.

Und: Diesen Kindern kann geholfen werden.

08 Der 150.000-Dollar-Unterschied

Vom ökonomischen Nutzen frühkindlicher Bildung

Leipziger Buchmesse im Jahr 2008, ein Auftritt von James Heckman. Der bullige Herr redet schnell und lächelt nie. Seine Mitarbeiter erzählen, dass er oft ziemlich lange an den eigenen Thesen herumzweifelt und manchmal seine eigenen Fähigkeiten infrage stellt. Das könnte vielleicht einen Teil seines Erfolges erklären. Denn vor einigen Jahren hat der Amerikaner den Nobelpreis für Ökonomie bekommen; nun steht er bei einer Veranstaltung der Bertelsmann-Stiftung am Rednerpult und wirbt für frühkindliche Bildung: »Frühe Investitionen zahlen sich aus«, sagt Heckman und jagt die Folien seiner Präsentation durch.

Heckmans Spezialgebiet ist die Ökonometrie. Das ist ein Feld, in dem die Forscher vor allem eines beherrschen müssen: Rechnen. Sie hantieren mit wilden Gleichungen, erproben komplizierte statistische Verfahren und wissen am Ende – wenn alles gut geht – etwas genauer, wie sich die Welt in Zahlen darstellen lässt. Die Universität von Chicago, an der Heckman seit fast vierzig Jahren arbeitet, ist die intellektuelle Zentrale des ökonomischen Liberalismus in den USA. Hier wetterte Friedrich August von Hayek in den Fünfzigerjahren gegen John Maynard Keynes und dessen Konzept einer antizyklischen, vom Staat getragenen Wirtschaftspolitik; hier bekämpfte später der Marktradikale Milton Friedman den amerikanischen Sozialstaat – zur Freude des konservativen US-Präsidenten Ronald Reagan. Unter den Ökonomen von Chicago galt lange Zeit ein ungeschriebenes Gesetz: Wer hier Professor ist, hält den Markt für segensreich, den Staat für gefährlich. »Welfare«, die amerikanische Sozialhilfe, ist an dieser Universität so populär wie Meinungsfreiheit im russischen Kreml in den Siebzigerjahren.

Nach seinem Vortrag erzählt Heckman im Interview, wie er selbst mehrfach Sozialprogramme vernichtend kritisiert hat. Er konzipierte seine Untersuchungen – genau wie die Forscher der Perry Preschool aus Ypsilanti, von denen das zweite Kapitel berichtete – am liebsten mit Experimental- und Kontrollgruppe. Einmal stellte er dabei fest, dass eine Weiterbildung regelrecht schädlich für die Teilnehmer war: »Arbeitslose Jugendliche, die an diesem Qualifizierungsprogramm teilnahmen, waren schlechter dran als solche, denen der Staat nicht half«, sagt Heckman. Die »geförderten« Jugendlichen hätten fachlich wenig gelernt, außerdem hätten die Trainer versäumt, ihnen die Prinzipien der Arbeitswelt nahezubringen: »Es gab keine klare Regel, dass die jungen Leute zum Unterricht erscheinen mussten. Wenn sie nicht kamen, wurde das nicht sanktioniert; sie waren also nur sporadisch im Unterricht. Und nach ein paar Monaten gingen sie hinaus in die wirkliche Welt, waren weiterhin nicht motiviert und hatten nichts gelernt«, stellte Heckman über ein Projekt fest.

Heckman verglich diese Jugendlichen mit der Kontrollgruppe. Dabei bemerkte er, dass diejenigen besser durchkamen, die der Staat *nicht* in eine Weiterbildung geschickt hatte: »Sie mussten selbstständig Jobs suchen und sich irgendwie mit der Arbeitswelt arrangieren. Auch ein banaler Job signalisierte ihnen: ›Du erscheinst hier an deinem Arbeitsplatz, oder du fliegst raus.‹« Immerhin, sagt Heckman, habe seine Analyse dazu beigetragen, dass das »sinnlose Programm« gestoppt wurde.

Der Methoden-Tüftler Heckman ist also nicht unbedingt

ein Anhänger des klassischen Sozialstaats – so viel ist sicher. Er stieß, eine Weile bevor er im Jahr 2000 den Nobelpreis erhielt, auf die Ergebnisse der Perry Preschool, die von drei- und vierjährigen Kindern aus einem Armenviertel der Stadt Ypsilanti besucht wurde. Skeptisch, wie Heckman ist, konnte er nicht glauben, dass das Experiment so erfolgreich gewesen sein sollte. Er ließ sich die Daten erläutern, rechnete, kontrollierte. Immer wieder überprüfte er die eigenen Analysen – und immer wieder stellte er fest, dass das Projekt erstaunlich rentabel war.

Seine jüngsten Rechnungen im Jahr 2010 ergaben, dass jeder Dollar, der in das Perry-Preschool-Projekt floss, dem Staat enorm viel Geld gespart habe. Denn die geförderten Kids aus der schwarzen Unterschicht wurden als Erwachsene seltener kriminell, sie fanden bessere Jobs, sie zahlten mehr Steuern und brauchten weniger Stütze vom Staat. »Jeder investierte Dollar brachte der Gesellschaft einen Nutzen, der zwischen sieben und zwölf Dollar liegt«, schrieb Heckman im renommierten *Journal of Public Economics*. Die Ergebnisse seien statistisch signifikant; die jährliche Rendite der Preschool liege selbst bei vorsichtigen Berechnungen zwischen sieben und zehn Prozent.

Heckmans Bilanz: »Frühe Förderung mit hoher Qualität kann die Fähigkeiten der Kinder steigern – sie kann sogar die Produktivität einer ganzen Gesellschaft nach oben treiben.«
Und das sagt ein Ökonom aus Chicago.

Kühle Kalkulationen

Wie eine solche Kosten-Nutzen-Rechnung für das Perry-Preschool-Projekt im Detail aussieht, lässt sich in einem Aufsatz nachlesen, den Lawrence Schweinhart mit Kollegen im Jahr 2006 im *Journal of Human Resources* veröffentlicht hat.

Schweinhart listet zunächst auf, was ein Kita-Platz in der Perry Preschool kostete: 15.166 US-Dollar, gerechnet in Preisen des Jahres 2000. Darin ist alles enthalten: das Personal, die Räume und das Material für die insgesamt 16 Monate, die die Kinder in der Preschool von Ypsilanti verbrachten. Macht pro Kind und Monat knapp tausend US-Dollar. (Ein grober Vergleich zu Deutschland: Hier kalkuliert Matthias Schilling von der Universität Dortmund, dass ein Kindergartenplatz pro Jahr etwa 5.000 Euro kostet. Damit ist die Perry Preschool mehr als doppelt so teuer wie eine reguläre Kita in der Bundesrepublik.)

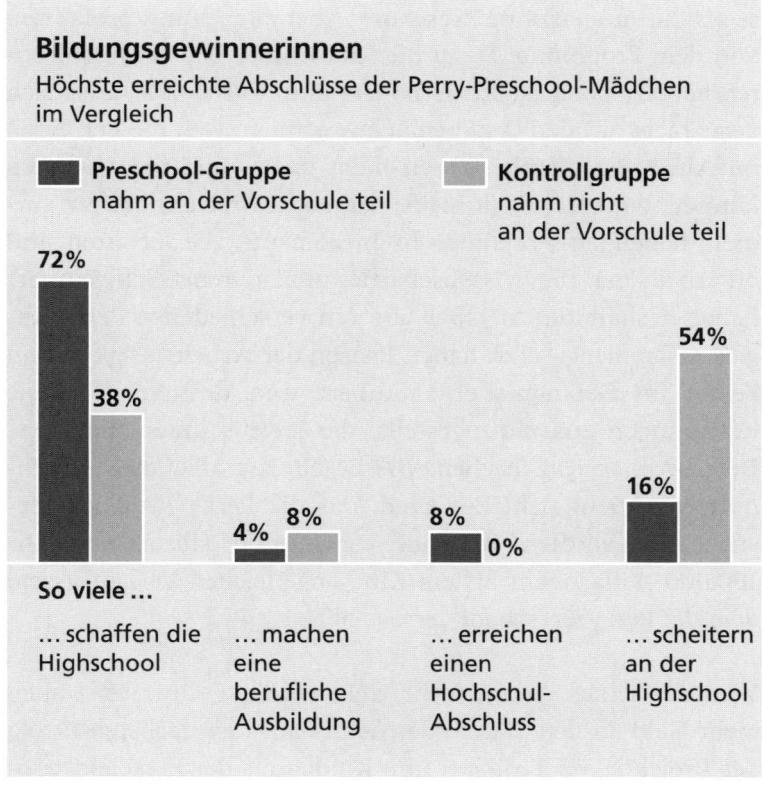

Bildungsgewinnerinnen

Höchste erreichte Abschlüsse der Perry-Preschool-Mädchen im Vergleich

■ **Preschool-Gruppe** nahm an der Vorschule teil

■ **Kontrollgruppe** nahm nicht an der Vorschule teil

72%

54%

38%

16%

4% 8%

8% 0%

So viele ...

... schaffen die Highschool

... machen eine berufliche Ausbildung

... erreichen einen Hochschul-Abschluss

... scheitern an der Highschool

Schweinhart 2006

Welcher Nutzen steht diesen hohen Ausgaben gegenüber? Das lässt sich ziemlich gut ermitteln, weil es bei dem Versuch neben der Experimental- auch eine Kontrollgruppe gab und weil beide jahrzehntelang begleitet und befragt wurden. Der Vergleich beider Gruppen zeigt zunächst, dass die Schulabschlüsse der Preschool-Kinder von einst besser ausfielen als die Abschlüsse von denen, die nicht in der Kita waren. Das gilt in erster Linie für Frauen.

Bei den Jungen sieht es auf den ersten Blick nicht so gut aus. Diejenigen, die in den Sechzigerjahren die Perry-Vorschule besuchten, erreichen nur unwesentlich bessere Schulabschlüsse als die Jungen ohne Preschool. Aber auch Jungs profitieren von dem Programm. Denn die Kita-Kinder beider Geschlechter haben später deutlich höhere Einkünfte. Das lässt sich zwar nicht auf den Cent genau ausrechnen, weil die Befragten im Alter von vierzig Jahren nicht mehr ganz präzise sagen können, wie viel sie vor sechs, neun oder dreizehn Jahren verdient haben (außerdem wechseln sie häufig die Jobs und sind oft arbeitslos). Die Wissenschaftler um Lawrence Schweinhart haben deshalb die Angaben aus den verschiedenen Befragungen zusammengesetzt, haben Phasen der Arbeitslosigkeit und Zeiten im Gefängnis einkalkuliert und drei verschiedene Rechnungen zusammengestellt, die jeweils unterschiedliche Detail-Annahmen machen. Die Ergebnisse aller drei Berechnungen ähneln sich: Ein Kind, das die Perry Preschool besucht hat, verdient im Lauf von vierzig Jahren ungefähr 100.000 Dollar mehr als ein Kind aus gleichen Verhältnissen, dem die Perry Preschool versagt blieb.

Wer mit seiner Arbeit mehr Geld verdient, überweist auch mehr Geld an den Staat – das deutet auf den nächsten Erfolg des Projekts von Ypsilanti hin: Kinder aus der Preschool zahlen im Lauf ihres Lebens etwa 50.000 Dollar mehr Steuern als

Kinder aus der Kontrollgruppe. Gleichzeitig benötigen vor allem die Männer weniger Sozialhilfe; das spart der Allgemeinheit wieder einen (eher kleinen) Betrag.

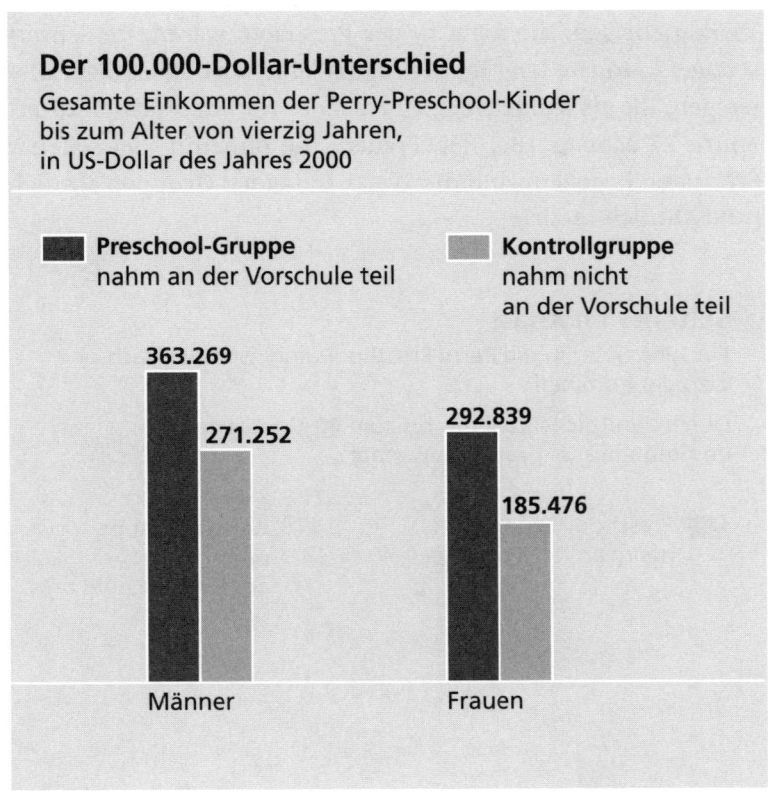

Der 100.000-Dollar-Unterschied
Gesamte Einkommen der Perry-Preschool-Kinder
bis zum Alter von vierzig Jahren,
in US-Dollar des Jahres 2000

■ **Preschool-Gruppe**
nahm an der Vorschule teil

■ **Kontrollgruppe**
nahm nicht
an der Vorschule teil

363.269

271.252

292.839

185.476

Männer

Frauen

Schweinhart 2006

Nur 27 Monate im Gefängnis

Den größten Nutzen hat die Gesellschaft, weil die Jungen aus der Perry Preschool später weniger kriminell sind als ihre Altersgenossen ohne Vorschule. Das bedeutet nicht, dass dank Kita alle afroamerikanischen Jungen aus einem Armengetto zu braven Bürgern werden – auch unter ihnen sind deutlich mehr Kriminelle als im Rest der Bevölkerung. Doch die Kids aus der Kontrollgruppe, die nicht in der Perry Preschool waren, werden später noch viel öfter straffällig. So saßen die Vierzigjährigen, die nicht in der Preschool waren, im Schnitt schon 45 Monate lang im Gefängnis – fast vier Jahre also. Diejenigen, die als Kinder in der Preschool waren, brachten es auf »nur« 27 Monate. Bei den Frauen, die ohnehin viel seltener Straftaten begehen, sind die Werte in beiden Gruppen ähnlich (und ähnlich niedrig).

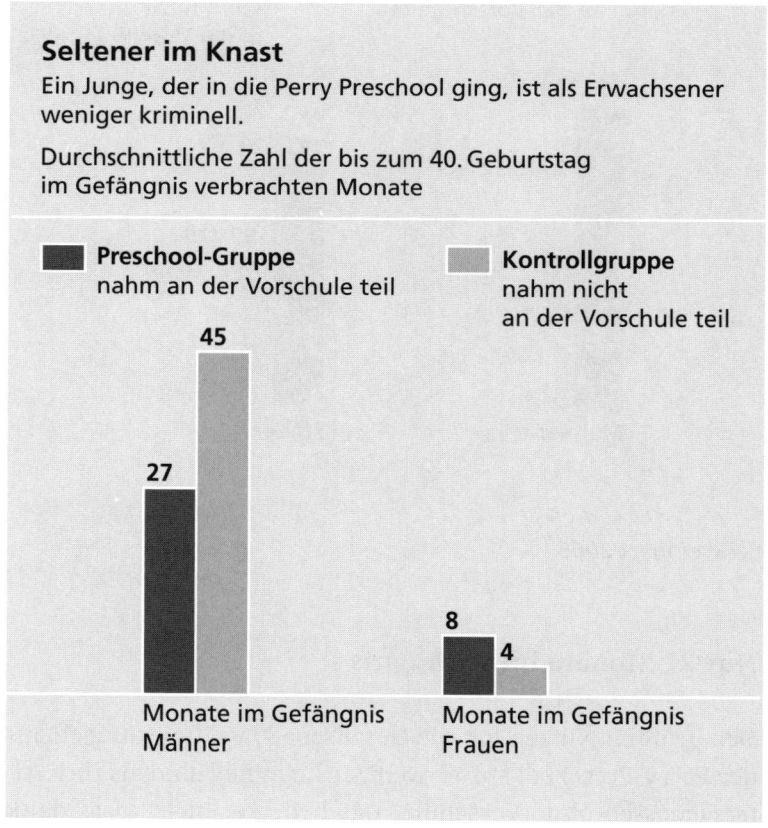

Seltener im Knast
Ein Junge, der in die Perry Preschool ging, ist als Erwachsener weniger kriminell.

Durchschnittliche Zahl der bis zum 40. Geburtstag im Gefängnis verbrachten Monate

■ **Preschool-Gruppe**
nahm an der Vorschule teil

■ **Kontrollgruppe**
nahm nicht
an der Vorschule teil

45

27

8

4

Monate im Gefängnis
Männer

Monate im Gefängnis
Frauen

Schweinhart 2006

Schweinhart und seine Kollegen rechnen minutiös vor, wie viel das US-Justizsystem dank der Vorschule in Ypsilanti gespart hat. Und kühl wie Ökonomen sind, kalkulieren sie sogar Kosten ein, die den Opfern entstehen – sei es durch Schäden am Eigentum, sei es durch Verletzungen. Dabei operieren sie stets mit vorsichtigen Annahmen; trotzdem stehen am Ende der Rechnung enorme Zahlen: Jedes Kind aus dem Armenviertel von Ypsilanti, das die Perry Preschool besuchte, sparte der Gesellschaft bis zum Alter von vierzig Jahren dank niedrigerer Kriminalität gut 150.000 Dollar. Das ist etwa das Zehnfache dessen, was sein Platz in der Kita ursprünglich gekostet hatte.

Natürlich kann man die Präzision dieser Zahlen infrage stellen. Um auf solche Ergebnisse zu kommen, mussten die Ökonomen um Schweinhart viele Annahmen treffen. Und ein paar Änderungen bei diesen Annahmen lassen aus 150.000 Dollar schnell 100.000 oder 200.000 Dollar werden. Deshalb ist der Hinweis so wichtig, dass Schweinhart mit eher vorsichtigen Prämissen hantiert – es wäre leichter, einen höheren gesellschaftlichen Nutzen zu errechnen als einen niedrigeren. Und letztlich kommt es auf die Exaktheit der Summe nicht an: Bereits die Dimension des Nutzens deutet an, dass das Projekt ökonomisch extrem erfolgreich war. Ob es die Kosten, die in den Sechzigerjahren entstanden, im Lauf der Jahrzehnte fünf- oder zehnmal wieder hereingespielt hat, ist für die politische Bewertung unwichtig – so wie es nicht von allergrößter Bedeutung ist, ob ein ICE dreimal oder nur doppelt so schnell ist wie eine Regionalbahn: Wer die Reisezeiten beider Züge vergleichen will, kommt ebenfalls zu verschiedenen Ergebnissen, je nachdem, ob er zum Beispiel Wartezeiten am Bahnhof mitrechnet oder nicht. Trotzdem würde niemand bestreiten, dass der Tempounterschied zwischen ICE und Regionalzug enorm ist. Gewiss ist also, dass es sich rechnet, die richtigen Kinder früh zu unterstützen: Jedes rechtzeitig geförderte Kind spart dem Staat viel Geld.

Die Pädagogik von Perry

An dieser Stelle ist es sinnvoll, die Pädagogik dieser erstaunlichen Vorschule genauer zu betrachten. Vielleicht haben die Fachleute aus der amerikanischen Provinz ja eine magische Methode entdeckt, mit der man Kinder aus schwierigen Stadtvierteln – und eventuell auch sämtliche anderen Kinder – unterstützen kann? Doch wenn man sich das Konzept anschaut, entdeckt man auf den ersten Blick nichts besonders Innovatives. Eher wirkt alles recht gewöhnlich: Die kleinen Kinder wurden nicht ganztags betreut, sondern nur zweieinhalb Stunden pro Vormittag. Das Programm lief von Oktober bis zum darauffolgenden Mai, gefolgt von langen Sommerferien. Zwei Jahre lang kamen die Drei- und Vierjährigen in die Preschool – auch das ist nichts Ungewöhnliches. Mehr als ein bisschen Kindergarten dürfte in der knappen Zeit nicht möglich gewesen sein, denkt man.

Ein paar Details überraschen dann doch. Jeder »teacher« – er galt schon sprachlich als »Lehrer«, nicht wie im Deutschen als »Erzieher« – musste Akademiker sein. Er oder sie musste Pädagogik studiert und Kompetenzen in der frühkindlichen Bildung haben. Alle Lehrer erhielten Supervision, konnten sich also mit außenstehenden Profis über fachliche und persönliche Fragen austauschen. Bezahlt wurden die Lehrer vergleichsweise gut. Auch achtete der Chef David Weikart darauf, dass die Gruppen der Vorschule sehr, sehr klein waren: In einer Gruppe waren 24 Kinder – und für diese Kinder standen vier (!) Lehrer bereit. Das sind traumhafte Verhältnisse, die in Deutschland nicht einmal die besten Kindergärten erreichen. (In Berliner Kindergärten zum Beispiel gilt eine Erzieherin für 12 Kinder als ausreichend – in vielen anderen Bundesländern sind die Standards ähnlich. Das führt zu grotesken Szenen. Der Klassiker in Berlin ist, dass eine Erzieherin aus dem Raum rennt, sobald eine Kollegin oder die Chefin hereinkommt:

»Kannst du bitte einen Moment dableiben – dann kann ich mal zur Toilette«, hört man sie dann sagen.)

Von der alltäglichen Arbeit der Perry-Pädagogen in den Sechzigerjahren existieren leider keine Videos. Aber man weiß aus den Büchern und Aufsätzen von damals recht genau, wie das Projekt ablief. Nachdem die Kinder morgens bis 9.30 Uhr gebracht wurden, war erst mal eine Stunde lang Programm: In einem Raum malte ein Lehrer mit den Kindern. Im zweiten Raum machte ein Lehrer mit den Kindern körperbetonte Spiele. Im dritten Raum, einer Mini-Küche, konnten die Kinder nachspielen, was es in einem Haushalt alles zu tun gibt; auch hier war ein Lehrer dabei. Im vierten Raum schließlich gab es Bücher, Puzzles und Spiele; wieder stand ein Lehrer als Unterstützer bereit. Jedes der 24 Kinder konnte sich frei entscheiden, in welchem Raum es bleiben wollte. Nach dieser ersten Stunde war Frühstückspause.

Danach wurden die Kinder in zwei Gruppen aufgeteilt, und jeweils zwei Lehrer machten eine Art Unterricht mit ihnen. Natürlich lief das nicht so streng ab wie in einer Schule, aber die Lehrer hatten durchaus einen Plan, was sie den Kindern beibringen wollten. Zum Beispiel versuchten sie, etwas über geometrische Formen zu vermitteln: Die zwei Lehrer verteilten in ihrer Gruppe Schachteln an alle Kinder; in jeder Schachtel lagen Quadrate, Kreise und Dreiecke aus Pappe. Ein Lehrer hatte ebenfalls ein solches Kästchen vor sich stehen. Nacheinander hielt er Figuren hoch, die die Dreijährigen in ihren Schachteln finden sollten. Die Kinder mussten die Figuren dann herauslegen. Hatten sie das geschafft, ging es rückwärts weiter – nun zeigte der Lehrer die Formen, die sie in die Schachteln zurücklegen sollten. Damit, so die Hoffnung, würden die Kinder auch etwas über die Begriffe »drinnen« und »draußen« lernen.

Giraffen im Kreidekreis

Eine andere »Unterrichtseinheit« bestand aus einem kreativen Bewegungsspiel. Am Anfang suchte sich jedes Kind einen Platz. Die Lehrer zeichneten mit Kreide einen großen Kreis um das Kind herum: »Das ist dein Raum.« Nun sollte jedes Kind sich innerhalb seines Raumes wie ein Tier bewegen. Zuerst machte ein Lehrer das Hüpfen eines Kängurus vor – die Kinder hüpften ebenfalls. Dann gab er nur mündliche Hinweise: »Streckt euch mal wie eine Giraffe.« Zuletzt nannte er bloß noch das Tier, und die Kinder imitierten die Bewegungen. Beeindruckt registrierte David Weikart: »Jedem Kind schien es zu gefallen, einen eigenen Raum zu haben. Und die Grenzen dieses Raumes halfen ihnen, sich auf das Spiel zu konzentrieren.«

An etlichen Vormittagen machten die Gruppen Ausflüge. Zum Beispiel zu einer Apfelbaum-Plantage im Winter. Das Gespräch eines Lehrers mit drei Kindern ist dokumentiert; es vermittelt einen Eindruck, wie wenig diese Dreijährigen über ihre Lebenswelt wussten.

Lehrer: Was ist denn mit dem Baum passiert?
Johnny: Blätter sind weg.
Lehrer: Warum sind die Blätter weg?
Anne: Weil keine Blätter dran sind.
Tom: Hey, vielleicht ist es kalt.
Lehrer (schaut sich auf dem Boden um): Da sind keine Äpfel.
Was glaubt ihr: Warum sind da keine Äpfel?
Anne: Alle von den Kindern aufgegessen.
Tom: Keine Blätter auf den Bäumen.
Lehrer: Was glaubt ihr: Warum sind da keine Äpfel?
Johnny: Wir haben die alle weggenommen.
Tom: Das wissen wir nicht. Es ist nicht unsere Schuld. Es ist die Schuld vom Baum.

Lehrer: Glaubt ihr, dass an den Bäumen noch mal Blätter und
Äpfel wachsen werden?
Carol: Nein.
Lehrer: Warum nicht?
Carol: Weil, weil ...
Lehrer: Warum?
Johnny: Weil wir es nicht wissen. Der Baum ist schuld.

Nun erzählte der Lehrer von Jahreszeiten, Blättern und Früchten. Solche Beispiele deuten an, dass die Kinder in der Perry Preschool eine Menge lernen konnten – über sich, über ihre Mitmenschen, über die belebte und die unbelebte Welt. Schon in seinem ersten Bericht im Jahr 1964 notierte David Weikart, dass die Kinder innerhalb eines Jahres große Fortschritte gemacht hatten: »Am Anfang waren alle sehr schüchtern; nach einem Jahr redeten sie ziemlich viel – und zwar mit anderen Kindern wie mit den Lehrern. Anfangs waren ihre Sätze kaum zu verstehen; auch das wurde besser. Die Kinder entdeckten begeistert, dass sie sich Bücher ausleihen konnten. Und in dem einen Jahr entwickelten sie sich zu eifrigen Erforschern, die sich ihre Umwelt erschlossen: Sie interessierten sich dafür, wie Geräte funktionieren, wie Insekten, Fische und andere Tiere aussehen. Nach einem Jahr malten sie keine gekrakelten Bilder mehr, sondern erkennbare Dinosaurier und Schildkröten. Und viele der hyperaktiven Kinder wurden ruhiger.«

Der Lehrer besucht die Eltern

Eines war in Ypsilanti revolutionär: der Umgang mit den Eltern, die ja – wie beschrieben – wenig Bildung und geringe Einkommen hatten. Bei allen kam einmal pro Woche der Vorschul-Lehrer ihrer Kinder vorbei. Wenn die Gruppe am Vormittag beim Apfelbauern war, griff der Lehrer das Thema am

Nachmittag vielleicht wieder auf. Er besuchte einen Schüler, hatte einen Apfel und ein paar Blätter dabei, um noch mal damit zu arbeiten. Hatte das Kind vormittags wenig verstanden, konnte der Lehrer sogar noch mal zum Apfelbauern gehen und in Ruhe mit dem einzelnen Kind reden.

Die Lerneinheiten am Nachmittag waren auch für die Mütter gedacht, so Weikart: »Die Mütter sollten sehen, wie ein Lehrer etwas vermittelt. Sie konnten sich an den Spielen beteiligen und Anregungen bekommen, wie Erziehung auch funktionieren kann.« Zum Beispiel regte ein Lehrer am Nachmittag an, den Tisch für das Abendessen zu decken; dabei wurde mit dem Kind das Zählen geübt: »Eine Gabel, zwei Gabeln, drei Gabeln. Ein Messer, zwei Messer, drei Messer.« War die Mutter daran beteiligt, resümierte Weikart, dann »stieg die Motivation des Kindes noch mal deutlich an«. Weil der Lehrer einmal pro Woche kam, entstand häufig ein vertrauensvolles Verhältnis. Doch Weikart achtete darauf, dass die Lehrer »ihre Rolle als Erzieher und Vertreter der Schule nicht aufgaben – sie waren keine Sozialarbeiter, die Eheprobleme lösen oder Erziehungsratschläge geben sollten«.

Weil diese Besuche am Nachmittag häufig gut liefen und nur wenige Frauen sich in ein Nachbarzimmer zum Fernsehen verdrückten, entwickelten die Mütter oft ein Gefühl dafür, wie wichtig Bildung für ihre Kinder war und was sie selbst dazu beitragen konnten. Zusätzlich trafen sich die Eltern – manchmal sogar die Väter (obwohl etliche abgehauen und manche im Gefängnis waren) – regelmäßig zu Gesprächsrunden mit den anderen Eltern. Ein Termin pro Monat war angesetzt; auch dies bot Lernchancen, denn man konnte sich austauschen: Wie gingen andere Frauen mit ihren kleinen Kindern um? Wie kamen sie mit den vielen Widrigkeiten des Alltags zurecht? Welche Strategien konnte man bei anderen abschauen – und mit wem konnte man vielleicht ein paar Lasten teilen? Manchmal gingen die Mütter auch in ein Museum, das die Kinder zuvor schon besucht hatten: Die Mütter sollten besser verstehen, was ihre Kinder gerade beschäftigte. Damit gelang es Weikart und seinen Mitarbeitern offenbar, die Mütter für die Bildung ihrer Kinder zu sensibilisieren. Ob das für die späteren Erfolge das Wichtigste war, lässt sich vierzig Jahre danach nicht mehr mit letzter Sicherheit aufklären. Plausibel ist: In der Perry Preschool entwickelten sich die Kinder am besten, deren Eltern sich engagiert am Nachmittagsunterricht beteiligten und häufig Anregungen der Pädagogen aufgriffen.

Wer heute lernt, lernt morgen leichter

Irritierend ist allerdings, dass es in der Perry Preschool nicht gelungen ist, den Intelligenzquotienten der Kinder dauerhaft zu erhöhen. Zwar hatten die Kinder aus der Vorschule direkt nach Ende des Programms einen IQ-Vorsprung gegenüber den nicht geförderten Kindern. Doch der Vorsprung schwand in den Jahren danach kontinuierlich. Im Alter von zehn Jahren war davon nichts mehr übrig, wie die Forscher ernüchtert feststellten.

Wenn aber der Intelligenzquotient bei Kindern aus der Perry Preschool langfristig nicht gestiegen ist – wie lässt sich dann ihr Erfolg an den Schulen und in den Jobs erklären? Eine Erklärung ist, dass es neben dem IQ noch etwas anderes Bedeutsames gibt, das den Erfolg oder Misserfolg eines Menschen auf seinem Lebensweg beeinflusst. Was das ist, ist schwer zu benennen; die Psychologen behelfen sich mit einem sprachlichen Trick: Sie nennen diese Fähigkeiten »non-cognitive skills«, im Unterschied zu den »cognitive skills«, die der Intelligenzquotient misst.

Was man sich unter diesem schwammigen Begriff vorstel-

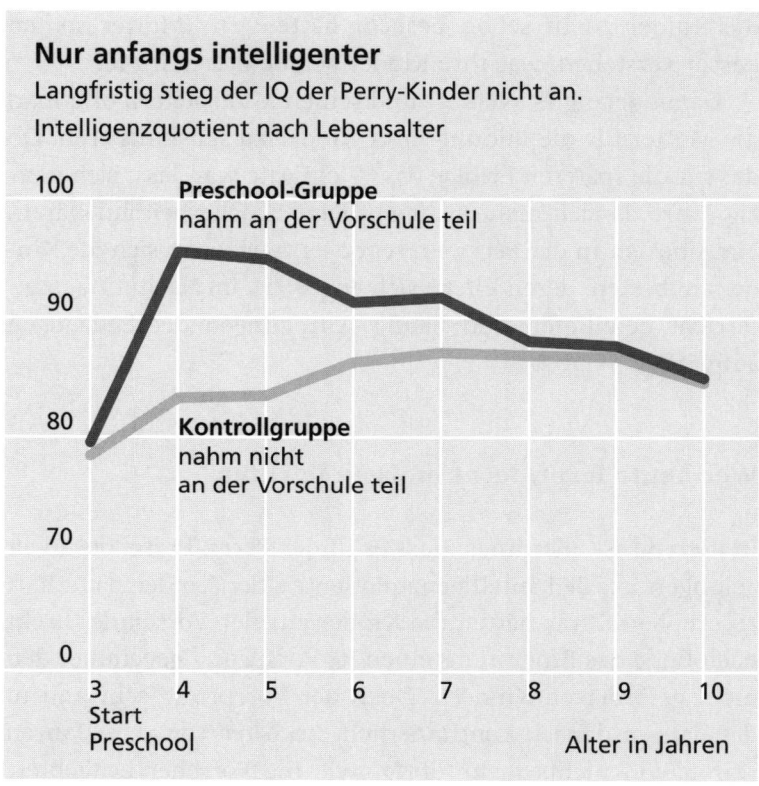

Nur anfangs intelligenter
Langfristig stieg der IQ der Perry-Kinder nicht an.

Intelligenzquotient nach Lebensalter

Preschool-Gruppe
nahm an der Vorschule teil

Kontrollgruppe
nahm nicht
an der Vorschule teil

3 — Start Preschool

Alter in Jahren

Heckman 2008

len kann, lässt sich an einem Beispiel erläutern: Ein siebenjähriger Junge soll Mathe-Hausaufgaben machen. Natürlich geht es dabei zunächst ums Rechnen: Er muss Zahlen kennen, sollte den Mechanismus der Addition kapiert haben und braucht Strategien, die es erleichtern, zum Beispiel 16 und 37 zusammenzuzählen. Das sind kognitive Fähigkeiten. Doch damit allein wird der Junge seine Hausaufgaben nicht schaffen. Er darf nicht bei der ersten Schwierigkeit aufspringen und frustriert davonrennen. Er muss aushalten, dass manchmal eine Rechnung misslingt. Und es hilft ihm, wenn er grundsätzlich davon überzeugt ist, dass er seine Aufgaben bewältigen wird.

Für all diese Eigenschaften wie Motivation, Zuversicht, Flexibilität, Kooperationsfähigkeit, Impulskontrolle und Frustrationstoleranz gibt es im Deutschen wie im Englischen keinen passenden Oberbegriff, deshalb also:»non-cognitive skills«, nicht kognitive Fähigkeiten.

Die Perry-Kinder haben einige dieser Fähigkeiten in ihrer Vorschule erworben. Sie lernten, besser dranzubleiben an einer Bastelei. Sie konnten beim Spielen kooperieren, mussten bei ihren kleinen Projekten auch mal Misserfolge aushalten und bekamen von ihren Lehrern dann das Signal, dass die Welt dadurch nicht untergeht. Sie konnten erfahren, dass Konzentration hilfreich ist, wenn man etwas erreichen will, zum Beispiel, wenn man ein Bild malt. All diese Fähigkeiten waren den Kindern später in der Schule nützlich. James Heckman hat für solche Entwicklungen im Lauf eines Menschenlebens eine schöne Formel gefunden:»Skill begets skill.« Auf Deutsch: Eine Fähigkeit ermöglicht die nächste. Oder anders formuliert: Auf früh erworbenen Fähigkeiten kann man später aufbauen.»Je länger eine Gesellschaft mit der Unterstützung eines benachteiligten Kindes wartet, umso teurer wird es«, schließt Heckman daraus.

Eine Atmosphäre des Aufbruchs

Natürlich kann man sich fragen, ob dieses Konzept der Sechzigerjahre auch heute wieder solche positiven Wirkungen hätte. Schließlich könnte es sein, dass sich Rahmenbedingungen geändert haben, die auf den ersten Blick nicht auffallen. Möglicherweise bliebe ein Plan, der früher einmal wirksam war, heute wirkungslos.

In den Sechziger- und frühen Siebzigerjahren war in den westlichen Industriestaaten eine Atmosphäre des Aufbruchs zu spüren. »Aufstieg ist möglich« – das konnte man als Leitsatz über viele der gesellschaftlichen Entwicklungen schreiben. Dies galt in den USA, wo Martin Luther King und John F. Kennedy die Menschen mit ihren Träumen von gleichen Rechten und gleichen Chancen begeisterten. Dies galt in Europa, wo der Ausbau des Wohlfahrtsstaates dank prosperierender Ökonomie keine Grenzen zu kennen schien. »Mehr Demokratie wagen« – der Spruch Willy Brandts ist so berühmt geworden, weil er die Verheißungen bündelte, an die damals viele damals glaubten: Die Welt kann besser werden, wenn wir Demokraten es versuchen.

Von diesem Optimismus ist heute nicht viel übrig. Der Glaube an eine bessere Welt ist schwierig geworden. Die bundesdeutsche Gesellschaft ist in unserer Zeit von Chancengleichheit weiter entfernt als in den Sechzigerjahren. Und die Hoffnung ist geschwunden, dass sich das ändern ließe – was bedeuten könnte, dass eine Perry Preschool in Neukölln oder Neuaubing im Jahr 2012 vielleicht nicht mehr die Resultate hätte, die sie im Jahr 1962 noch hatte. Denn wenn die Hoffnung fehlt, fehlt vielleicht auch das Fundament für den Erfolg.

Darauf kann man eine Antwort geben: Niemand sollte das Interesse der Eltern am Wohl ihrer Kinder unterschätzen. Mag sein, dass ihnen der große Glaube an eine bessere Welt fehlt. Doch dass die allermeisten Eltern (mit ganz, ganz wenigen Ausnahmen) auch heute an den Chancen ihrer Kinder interessiert sind, kann man überall beobachten, wo Familien leben – egal, wie arm oder reich sie sind. Zwar unterscheiden sich ihre Möglichkeiten, sich für die eigenen Kinder zu engagieren, erheblich – doch der Wunsch, dem Nachwuchs Gutes zu tun, ist in allen Schichten derselbe.

Deshalb ist es plausibel, dass eine Perry Preschool in einem deutschen Armutsviertel trotz der Resignation vieler Eltern ein Erfolgsmodell wäre. Die heutigen Mütter und die Väter dort würden das Angebot annehmen. Es gäbe aus ihrer Sicht auch wenig Grund, es nicht zu tun: Was soll schon schiefgehen? Es kann doch, werden viele denken, für unsere Kinder nur besser werden. Die Nachfrage wäre groß, auch wenn die Hoffnungen heute geringer sind, als sie es bei Eltern in den Sechzigerjahren waren.

09 Im richtigen Moment
Wann Kinder Unterstützung brauchen

Die Perry Preschool war nicht das einzige Projekt der letzten Jahrzehnte, das benachteiligte Kinder unterstützen sollte. In den USA wie auch in Westeuropa waren die Sechziger- und Siebzigerjahre die große Zeit der »Sozialingenieure«, die hofften, die Gesellschaft wie einen Motor steuern zu können. Hier ein paar Schraubendrehungen, dort ein paar Nachbesserungen, dann wären alle sozialen Probleme gelöst. Doch nicht alle Träume erfüllten sich. Wie beschrieben, gelang es kaum einem Programm, den IQ der Kinder dauerhaft zu erhöhen.

Nur eine – methodisch ebenfalls exzellente – Studie kam zu einem besseren Ergebnis. Beim ebenfalls US-amerikanischen »Abecedarian-Projekt« in den 1970er-Jahren stieg der Intelligenzquotient der Kinder sogar langfristig an. Auf den ersten Blick scheint hier alles genauso gewesen zu sein wie in der Perry Preschool. Eine kleine Gruppe von 57 Kindern aus extrem benachteiligten Familien kam in eine Kita mit hervorragender Pädagogik, kompetentem Personal und exzellentem Personalschlüssel. Wieder stammten diese Kinder aus schwierigsten schwarzen Familien. Ihre Mütter waren arm, meist alleinerziehend und wenig gebildet. Wieder lief eine Kontrollgruppe mit ähnlich vielen Kindern ähnlicher Herkunft nebenher, ohne zusätzliche Förderung. Und wieder zeigte sich: Wer als Kind in dieser Kita war, hatte zwanzig Jahre später bessere Zeugnisse und erreichte bessere Abschlüsse als die Gleichaltrigen ohne Kita-Besuch. Auch gab es weniger Teenager-Schwangerschaften, und die Häufigkeit der Depressionen ging deutlich zurück.

Das ist zunächst einmal ein wichtiger Beleg dafür, dass die Perry Preschool kein Einzelfall ist, wie die US-Psychologin Janet Currie feststellt. Ihre Überblicksuntersuchung nennt mit dem Perry- und dem Abecedarian-Projekt sieben Projekte, die aus ihrer Sicht den »Goldstandard« der Wissenschaft markieren, weil sie wie die Perry Preschool mit Experimental- und Kontrollgruppen arbeiten, denen die Kinder nach dem Zufallsprinzip zugeteilt wurden. Manche der Untersuchungen, sagt Currie, litten zwar darunter, dass ihnen im Lauf der Jahre die Versuchspersonen abhandenkamen – so etwas verhagelt das schönste Design einer langfristigen Studie. Andere Untersuchungen beendeten die Beobachtung der Kinder leider recht bald nach der Preschool; auch das schränkt die Aussagekraft ein. Doch interessanterweise, so Currie, zeigen die methodisch besten Untersuchungen die stärksten Effekte. Das widerspricht der Überlegung, dass die positiven Effekte vielleicht nur wegen mangelhafter Untersuchungen festzustellen sind.

Was Einjährige von Dreijährigen unterscheidet

Jedenfalls fiel beim Abecedarian-Projekt auf, dass die Kinder ihre höheren Intelligenzquotienten langfristig halten konnten. Offensichtlich blieben ihre kognitiven Fähigkeiten dauerhaft auf höherem Niveau; der ernüchternde Effekt aus der Perry Preschool, dass der IQ der Experimentalgruppe sich dem der Kontrollgruppe innerhalb weniger Jahre anglich, trat nicht auf.

Sucht man die Ursache für diesen seltsamen Unterschied, stößt man darauf, dass die Kinder im Abecedarian-Projekt bereits *vor dem ersten Geburtstag* von den Profis betreut wurden. Deshalb bietet sich eine entwicklungspsychologische Überlegung an: Die Kinder von Ypsilanti kamen im Alter von drei Jahren in die Perry Preschool – wahrscheinlich ist die Entwicklung des menschlichen Gehirns zu diesem Zeitpunkt schon so weit fortgeschritten, dass auch eine exzellente Vorschule einen Rückstand in der kognitiven Entwicklung nicht mehr aufholen kann. Beim Abecedarian-Projekt hingegen, das die Kinder schon vor dem ersten Geburtstag aufnahm, könnte dies genau wegen dieses frühen Starts gelungen sein.

Diese These passt auch zu Resultaten einer Studie mit rumänischen Waisenkindern: Michael Rutter, ein renommierter Psychologe, untersuchte gemeinsam mit Celia Beckett und Barbara Maughan in Großbritannien zweihundert Kinder, die aus rumänischen Waisenhäusern stammten und von britischen Eltern adoptiert wurden. Dabei stellte Rutter einen großen Unterschied fest: Jene Kinder, die schon in den allerersten Lebensmonaten aus den Heimen geholt wurden, konnten ihren Rückstand in der kognitiven Entwicklung fast vollständig aufholen – ihr IQ stieg nachhaltig an. Doch anderen Kindern, die bereits vier Jahre in einem rumänischen Waisenhaus gelebt hatten, gelang dies nicht. Auch ihnen ging es zwar in Großbritannien insgesamt wesentlich besser als in Rumänien – aber am Rückstand der Intelligenz änderte sich bei diesen Kindern nichts. Wieder deutet sich der Zusammenhang an, den auch die Hirnforschung nahelegt: Je früher Kinder in miserablen Lebensverhältnissen gefördert werden, umso größer ist der Erfolg.

Wer ganz frühe Hilfen braucht

Die Frage ist nur, ob man das als Aufforderung verstehen sollte, jedes Kind so früh wie möglich in eine Kinderkrippe zu bringen. Die Antwort ist: Nein. Denn Kinder in »normalen« Familien, deren Eltern im Sinn von Donald Winnicott »gut genug« sind, profitieren nicht besonders von einer Krippe, auch wenn sie noch so exzellent ist. Diese Kinder haben eben keine Eltern, deren massive Defizite professionelle Erzieher ausgleichen müssten – diese Eltern machen ihre Sache im Allgemeinen ganz gut, und kleinere Pannen stecken Kinder weg: Wenn die Mama einmal im Vierteljahr tobt, weil ihr an diesem Tag alles zu viel ist, wird das die einjährige Tochter nicht aus der Bahn werfen. (Wenn jeden zweiten Tag gebrüllt und geprügelt wird, sieht die Sache anders aus.) Mag sein, dass bei durchschnittlichen Familien nicht immer alles perfekt läuft – doch »gut genug« genügt.

Daraus lässt sich eine wichtige Erkenntnis über den richtigen Zeitpunkt für die Unterstützung gewinnen: Je schwieriger eine Familie ist, umso früher braucht ein Kind Schutz. Wenn also ein Baby drogensüchtige oder schwer depressive Eltern hat, ist Hilfe von Anfang an nötig. Dann geht es darum, Misshandlungen und Katastrophen in den ersten Lebensmonaten zu vermeiden, die einen Menschen lebenslang aus dem Gleichgewicht bringen können.

Wenn jedoch nichts auf ein Risiko von Misshandlungen hindeutet, die Eltern aber dauerhaft mit »externen« Belastungen wie Armut oder Arbeitslosigkeit oder weniger die Psyche bestimmenden Krankheiten leben müssen, empfiehlt sich eine Unterstützung ab dem Krippenalter: Dann bekommt ein Kleinkind Lern- und Entwicklungschancen, die es zu Hause nicht hätte. Und wenn ein Kind in einer wohlwollenden, warmherzigen und fördernden Familie aufwächst, ist die Frage nach dem Zeitpunkt aus Sicht des Kindes nicht besonders wichtig. Solchen Kindern schadet eine Krippe nicht, aber sie nützt ihnen auch nicht viel. Falls sich diese Eltern entscheiden, ihr Kind erst im Alter von drei oder vier Jahren in einem gewöhnlichen Kindergarten betreuen zu lassen, ist das nicht besser oder schlechter als die Entscheidung für eine Krippe, wenn das Kind ein Jahr oder anderthalb ist.

Dieser Gedanke kann auch den alten deutschen Streit über Wohl und Wehe der frühen Betreuung beenden. Die Frage kann man nicht mit simplen Standards beantworten. Denn was ein Kind braucht, hängt vor allem von seiner Familie ab.

Unsicher gebunden

Was aber hilft Kindern, deren Start ins Leben von Anfang an schwierig ist? Um diese Frage zu beantworten, muss man sich ihre Lebenswelt ansehen. Es sind jene, die nur eine »hochunsichere Bindung« an ihre Mütter entwickeln, wie die Psychologen sagen. Die Bindungsforscherin Ute Ziegenhain von der Uniklinik Ulm nimmt an, dass etwa 15 Prozent der deutschen Kleinkinder zu dieser Gruppe zählen. Diese Kinder erleben oft schon von Geburt an, dass sich ihre Eltern nicht angemessen und feinfühlig um sie kümmern. Solche Eltern haben kaum ein Gefühl dafür, welche Bedürfnisse ihr Baby hat – egal, ob es um Schlaf oder Nahrung geht. Solche Eltern behandeln ihr Baby nicht warmherzig, sondern mit kühler Distanz.

Entsprechend oft entwickeln die Babys »Regulationsprobleme«: Sie schreien exzessiv, schlafen extrem schlecht oder sind kaum zu füttern. Natürlich, betont Ziegenhain, erinnern sich viele Eltern an Phasen, in denen sie unter dem Gebrüll oder dem schlechten Schlaf ihrer Babys gelitten haben. Doch in den meisten Fällen verschwinden diese Probleme schnell wieder. Dann nämlich, wenn Eltern feinfühlig und warmherzig mit ihrem Säugling umgehen.

Manchen Eltern allerdings gelingt das nicht, weil sie schwer depressiv sind oder an einer Psychose leiden, weil sie alkoholabhängig sind und in Armut leben oder selbst als Kinder Opfer von Missbrauch wurden. In solchen Familien steigt die Wahrscheinlichkeit drastisch an, dass Kinder auch später Verhaltensstörungen zeigen. Das sind eben die 15 Prozent Kinder mit »hochunsicherer Bindung«. Es sind Kinder wie Kevin aus Neuaubing, der uns im vierten Kapitel begegnet ist.

Für diese Kinder hat die Bundesrepublik in den letzten Jahren einiges getan. Es entstand – nach öffentlichem Entsetzen über mehrere Kindsmorde, über die ausführlich in sämtlichen Medien berichtet wurde – ein System »früher Hilfen«, das solchen gefährdeten Kindern helfen soll. Der Grundgedanke ist, dass das Risiko einer Kindesmisshandlung früh erkennbar ist. »Mit den besten Screening-Verfahren lassen sich gefährdete Familien einigermaßen zuverlässig erkennen«, sagt etwa Heinz Kindler vom Deutschen Jugendinstitut. Er beruft sich auf zahlreiche Studien in angelsächsischen Ländern, die detailliert beschreiben, wonach man Eltern fragen muss: Es sind Missbrauchserfahrungen in ihrer eigenen Kindheit, Straftaten, Drogenmissbrauch, Isolationsgefühle und Depressionen, ungewollte Schwangerschaften oder ein niedriges Alter der Mütter. Solche Faktoren, so Kindler, erhöhen das Risiko, dass Eltern ihre Kinder vernachlässigen oder missbrauchen. Nötig ist also eine Art »Frühwarnsystem«, das diese Risiken in den Blick nimmt.

Die richtigen Fragen nach der Geburt

Wie ein solches System funktioniert, kann ein Projekt aus Düsseldorf zeigen. Kommt eine Frau zur Entbindung ins dortige Krankenhaus Gerresheim, achten Ärzte automatisch auf einige Risikofaktoren: Ist die Mutter jünger als zwanzig Jahre? Kam sie selten zu den Vorsorgeuntersuchungen? Hat sie eine Ausbildung abgebrochen? Werden solche Fragen mehrfach mit »Ja« beantwortet, kommt ein Facharzt zum Gespräch im Zimmer der Mutter vorbei und erfragt weitere Probleme: Gewalterfahrungen in der Kindheit? Illegale Drogen? Alkoholkonsum? Hat der Arzt Anzeichen dafür, dass die Risiken für das Neugeborene hoch sind, informiert er eine spezielle Stelle des Jugend- und Gesundheitsamtes sowie die niedergelassenen Kinderärzte. Die Frau bekommt dann, wenn sie die Klinik nach der Geburt verlässt, zu Hause Besuch von einer Kinderkrankenschwester oder einem Sozialarbeiter. »Selbstverständlich entscheiden sich die Frauen freiwillig dafür«, sagt Wilfried Kratzsch, der frühere Oberarzt von Gerresheim, der das Projekt initiierte.

Letztlich ist das, was Kratzsch und Kollegen in Düsseldorf praktizieren, bereits ein »Screening-Verfahren« nach amerikanischem Vorbild – wobei der technische Begriff in die Irre führt: Die sensiblen Daten werden im persönlichen Gespräch erhoben, nicht von Beamten aus irgendwelchen Computerregistern gezogen.

Modellprojekte dieser Art gibt es in Deutschland inzwischen in allen Bundesländern; mehr als zweihundert dürften es sein. Seit dem Jahr 2007 hat sich vieles getan – doch das Problem ist: Es sind nur Modellprojekte. Und es regiert der Zufall. Eine Mutter, die in Düsseldorf-Gerresheim entbinden will, wird anders behandelt als in der Nachbarstadt, wo es kein System der frühen Hilfen gibt. Der Gesetzgeber ist gefordert – er muss sich entscheiden, dafür Geld auszugeben. Das muss nicht unendlich teuer werden, wie die nächsten Kapitel zeigen. Es muss nur intelligent gemacht werden.

10 Gleichheit? Bloß nicht!

Warum die Schwächsten besonders gefördert werden müssen

Wer in frühe Bildung investiert, muss eine Entscheidung treffen: Wird das Geld so verteilt, dass es allen Kindern in gleichem Maß zugutekommt – oder fördert man bestimmte Kinder besonders stark?

Wenn Wissenschaftler über diese Frage nachdenken, wird die Sache nicht einfacher. Denn die international wichtigsten Forscher sind unterschiedlicher Ansicht. Der Amerikaner James Heckman, der schon im vorigen Kapitel zu Wort kam, plädiert für die gezielte Förderung der Schwächsten. »Die Renditen sind am höchsten, wenn sich Programme zur frühkindlichen Bildung an benachteiligte Kinder wenden, deren Eltern nicht genügend in die eigenen Kinder investieren können«, sagt Heckman. Die kühle Sprache des Ökonomen mag abschreckend wirken – elterliche Fürsorge, Zuwendung und Liebe erscheinen bei ihm als »Investition«, deren wirtschaftliche Rentabilität sich erweisen muss. Allerdings muss man Heckman zwei Dinge zugutehalten: Erstens hat er gute Belege für seine These. Denn die US-amerikanischen Experimente aus Ypsilanti und den anderen Städten demonstrieren mit maximaler Deutlichkeit, wie ungeheuer vorteilhaft es für Kinder aus den schwächsten Familien ist, wenn sie in einem exzellenten Kindergarten früh unterstützt werden. Und zweitens geht es auch Heckman nicht darum, die Jüngsten auf »ökonomisch effizient« zu trimmen: Im Spiel der Kinder und im Alltag der Erziehung haben Kosten-Nutzen-Überlegungen nichts zu suchen, das würde auch der Nobelpreisträger nicht anders sehen. Heckman ökonomisiert nicht die Kindheit, sondern die Politik der frühen Bildung – das ist ein großer Unterschied. Der Däne Gøsta Esping-Andersen setzt den Schwerpunkt anders. Der Professor der Universität Barcelona ist der international wichtigste Familiensoziologe der letzten zwanzig Jahre. Dank glänzender Aufsätze und exzellenter Bücher wie *Why We Need a New Welfare State* ist er zu einem gefragten Politikberater geworden, der analytisch und doch mitfühlend für ein skandinavisches Modell wirbt, das vieles vereinbart: eine hohe Erwerbstätigkeit der Frauen, relativ hohe Geburtenraten, ein ausgeprägtes Interesse am Wohl der Kinder sowie vergleichsweise geringe soziale Konflikte. Esping-Andersen ist zwar, wie er zugibt, beeindruckt von den amerikanischen Experimenten wie der Perry Preschool. Trotzdem empfiehlt er eine Politik, die alle Kinder gleichmäßig fördert. Dabei stützt er sich auf die Beobachtungen, die er in Skandinavien beim Ausbau der Kinderbetreuung gemacht hat. Interessant ist zum Beispiel seine Analyse der Lebensläufe von Kindern, deren Väter nur einen niedrigen Schulabschluss haben. Esping-Andersen fragt, wie sich seit dem Zweiten Weltkrieg die Chance solcher Kinder entwickelt hat, die Oberstufe einer Schule (zum Beispiel eines Gymnasiums) zu erreichen. Dabei betrachtet er die Trends in Dänemark, Norwegen, Schweden, Deutschland, den USA und Großbritannien.

Sein Vergleich zeigt: Ob ein Kind in den Vierziger-, den Fünfziger- oder den Siebzigerjahren geboren wurde, macht in Skandinavien einen erheblichen Unterschied. Dort hat sich die Chance der Unterschichts-Kinder auf den Besuch einer höheren Schule innerhalb dieser vier Jahrzehnte fast verdreifacht. In den anderen Ländern dagegen: Fehlanzeige. In Deutschland, den USA und Großbritannien hatten diese Kinder in den Siebzigerjahren noch immer genauso schlechte Chancen wie in den Vierzigern. Esping-Andersens Deutung: Es muss auch an der Kinderbetreuung liegen, denn sie wurde genau in diesen Jahrzehnten in Skandinavien stark ausgebaut – und zwar so, dass sie für alle Schichten verfügbar und attraktiv war. Das ist zwar noch kein Beweis, denn die Ursachen könnten ja auch in den Schulen zu finden sein. Plausibel erscheint die These aber doch.

Die Grenzen des skandinavischen Modells

Ähnlich klug ist Esping-Andersens Auswertung der Pisa-Daten. Er hält sich nicht bei der – tausendfach gestellten und zum Gähnen langweiligen – Frage auf, welche Schüler aus welchem Land bei den Tests am besten abschneiden. Stattdessen interessiert ihn, wie sich das »kulturelle Kapital« der Eltern auf die Fähigkeiten ihrer Kinder auswirkt. So etwas ist natürlich schwer zu messen. Den besten Indikator dafür haben die einfallsreichen Pisa-Forscher entwickelt. Sie fragen bei ihren Tests alle Kinder, wie viele Bücher ihre Eltern zu Hause haben. Der Hintergedanke dabei: Es gibt einen Zusammenhang zwischen der Länge der Bücherregale und der Verfügbarkeit von Bildung in den Familien. Das klingt im ersten Moment vielleicht seltsam, doch bei kurzem Nachdenken erscheint es nachvollziehbar: Wie viele Bücher jemand im Regal stehen hat, sagt einiges mehr über sein »kulturelles Kapital« aus als die Anzahl der Fernsehprogramme, die in seinem Wohnzimmer zu empfangen sind.

Wieder zeigt sich ein ähnliches Bild wie bei Esping-Andersens erster Fragestellung. In Finnland spielt es heute kaum noch eine Rolle, wie viele Bücher Eltern besitzen; der Pisa-Testerfolg der Kinder hängt jedenfalls nur in sehr geringem Maß davon ab. In Dänemark und Schweden ist der Zusammenhang ebenfalls recht schwach. Stärker dagegen fällt er in Deutschland aus – und extrem stark in Großbritannien und den USA: Hier sind die Kinder umso besser in den Tests, je mehr »kulturelles Kapital« die Eltern haben. Der Soziologe Esping-Andersen sieht auch darin die Wirksamkeit des skandinavischen Prinzips: Wer alle Kinder fördert, hilft auch den Schwächsten. Wenn alle Kinder in ähnliche Kindergärten gehen, wird es langfristig für ihre Bildungskarrieren weniger wichtig, wie gebildet oder ungebildet die Eltern sind.

Schließlich, so Esping-Andersens Argumentation, sei die Perry Preschool vielleicht für ein heterogenes Land wie die USA angemessen, aber nicht für das alte Europa, in dem es traditionell viel mehr Gleichheit gebe: »Die Ergebnisse der amerikanischen Studien sollten nicht unkritisch auf Europa übertragen werden, weil hier die Ungleichheiten der Lebensbedingungen der Kinder viel weniger extrem sind«, sagt Esping-Andersen.

Spätestens hier aber lohnt sich eine Gegenfrage: Ist die Ungleichheit in Deutschland heute wirklich so viel weniger ausgeprägt als in den USA der Sechzigerjahre, als das Perry-Preschool-Projekt begonnen wurde? Wenn in Görlitz oder Bremerhaven inzwischen jedes zweite Kind in einem Hartz-IV-Haushalt lebt – ist das noch das wohlfahrtsstaatliche Europa, das angeblich so viel nachdrücklicher für Gleichheit sorgt als die Vereinigten Staaten? Wer mit offenen Augen in einem deutschen Armutsquartier unterwegs ist, beobachtet Verhältnisse, wie sie im Amerika der Sechzigerjahre auch anzutreffen waren: Den Kindern fehlen die Chancen, den Jugendlichen die Perspektiven, den Erwachsenen die Jobs. Und zwar nicht bloß wenigen, sondern den allermeisten.

Vielleicht sind die Zustände in den deutschen Problemvierteln heute so wie in den US-amerikanischen Problemvierteln vor vierzig Jahren? Man kann es auch anders formulieren, ohne die skandinavischen Leistungen zu schmälern: Der schwedische, finnische, norwegische und dänische Plan einer guten Kinderbetreuung für alle passte zu den Sechzigerjahren, weil damals Armut in diesen Ländern nicht so stabil und prägend war wie in der deutschen Klassengesellschaft des Jahres 2011. Wenn sich Armut im Berliner Wedding über Generationen verfestigt hat, hilft es den Kindern dort wenig, wenn sie auf dieselbe Weise unterstützt werden wie die Kinder im reichen Berlin-Zehlendorf.

Die 80-20-Regel

Die Erfolge der Perry Preschool und der anderen amerikanischen Experimente kann man natürlich auch so deuten, dass ein Staat viel Geld in *alle* Kindergärten investieren sollte – gemäß dem Prinzip: Was den Kindern von Ypsilanti half, wird allen anderen genauso helfen. Man kann sich gut vorstellen, wie ambitionierte Akademiker am Prenzlauer Berg in Berlin oder in München-Schwabing verlangen, dass ihre dreijährigen Kinder genauso gefördert werden wie die Kids von Ypsilanti.»Dieses Experiment zeigt doch, dass sich jeder Euro lohnt, den der Staat für unsere Kinder ausgibt«, hört man diese Eltern schon argumentieren.

Bloß: Genau das zeigen diese Experimente nicht.

Es waren, man kann es nicht oft genug betonen, Versuche mit Kindern in miserablen Verhältnissen. Sie lebten bei alleinerziehenden Müttern, die wenig Geld und schlechte Ausbildungen hatten. Sie wohnten im Armenviertel einer kriselnden Industriestadt, und ihre Zukunftsperspektiven waren ganz anders als die von Kindern in vielen Regionen der wohlhabenden Bundesrepublik. Den Kindern von Ypsilanti fehlte etwas, was Kinder in Deutschland Gott sei Dank häufig von ihren Eltern bekommen: Unterstützung. Dafür sorgten in der Perry Preschool die Lehrer, indem sie den Kindern zuhörten, ihnen Bücher vorlasen, ihr Spiel und ihre Ideen unterstützten und die Kinder ernst nahmen. All das glich Defizite der Eltern aus, die es in einzelnen deutschen Familien auch gibt – aber nur in wenigen, längst nicht in allen.

Man kann dies mit Blick auf die Mittelschichten noch schärfer formulieren: Wer in behüteten Familienverhältnissen aufwächst, die »gut genug« sind, würde von einem besonders ambitionierten Preschool-Programm wahrscheinlich wenig profitieren.

Denn die Defizite der Mittelschichts-Eltern sind viel geringer als die Defizite der Eltern von Ypsilanti; folglich kann der Nutzen eines solchen Programms für die Mittelschichts-Kinder nicht so groß ausfallen wie in den Problemvierteln einer amerikanischen Stadt. Wahrscheinlich gilt hier eine 80-20-Regel: Man erreicht achtzig Prozent aller möglichen Erfolge, wenn man sich auf zwanzig Prozent der Kinder konzentriert.

Ein – auf sehr lehrreiche Weise gescheitertes – amerikanisches Experiment legt diesen Schluss nahe. Mitte der Achtzigerjahre begann in acht US-Städten das IHDP-Programm (»Infant Health and Development Program«). Es nutzte das bewährte pädagogische Konzept der erwähnten Abecedarian Preschool. Allerdings wurden diesmal nicht nur Kinder aus armen, schwierigen Familien aufgenommen, sondern solche aus allen sozialen Schichten. Einzige Bedingung: Sie mussten als Frühgeburten mit geringem Körpergewicht zur Welt gekommen sein.

Die Idee war: Auch von früh geborenen Kindern weiß man, dass sie häufig einen schwierigeren Start ins Leben haben. Ärzte kennen und benennen zahlreiche Entwicklungsrisiken der »Frühchen«, die nicht nur körperlicher, sondern auch kognitiver Art sind. Hier sollte das IHDP-Programm ansetzen. Denn vielleicht ließen sich Risiken früh geborener Kinder mit einer optimalen frühen Betreuung von Eltern und Kindern senken? Nach den vielen guten Erfahrungen mit dem »Wundermittel« Preschool schien dies kein abwegiger Gedanke zu sein.

Wieder teilten die Forscher die Kinder in eine Experimental- und eine Kontrollgruppe ein. Wieder ließ sich dank dieser Einteilung nach einigen Jahren feststellen, ob sich die beiden Gruppen unterschiedlich entwickelt hatten. Doch was in der Perry Preschool und beim Abecedarian-Projekt zuvor so gut funktioniert hatte, klappte diesmal nicht: Nach Jahren der Beobachtung fanden die Wissenschaftler kaum Unterschiede zwischen den beiden Gruppen des IHDP-Programms. Diese Pleite deutete sich schon bald nach Versuchsbeginn an. Die im Jahr 1985 geborenen Kinder, die in acht verschiedenen US-Städten aufwuchsen, sollten im Alter von drei Jahren einen Intelligenztest machen (der natürlich nicht mit IQ-Tests für Erwachsene zu vergleichen ist, sondern an die Fähigkeiten der Kleinen angepasst war). Zu diesem Zeitpunkt hatten die Kinder aus der Experimentalgruppe zwei Jahre exzellenten Kindergarten und eine besonders aufwändige Elternarbeit der Kitas hinter sich; die Kinder aus der Kontrollgruppe hatten dies nicht.

Die Erfahrungen bei früheren Experimenten in Ypsilanti und an den anderen Orten hatten eines gezeigt: Direkt nach dem Programm war der IQ der geförderten Kinder deutlich höher als der IQ der nicht geförderten Kinder. Man wusste zwar auch, dass dieser Vorsprung in den nächsten sechs oder sieben Jahren schwinden würde – aber unmittelbar nach dem Kindergarten hatte man ihn regelmäßig gefunden. Also wäre er auch beim IHDP-Programm zu erwarten. Dachte man.

Der Harvard-Effekt

Doch das stimmte nur zum Teil. Sofort fiel auf, dass es den erwarteten Unterschied nur in sieben der acht Städte gab. In einer Stadt blieb er aus: in Harvard. Hier entfaltete das tolle pädagogische Programm für die Kinder keine Wirkung. Das war im ersten Moment verblüffend, doch es ließ sich erklären. Eine genauere Analyse zeigte, dass es an der Bildung der Mütter lag: In der Stadt mit der weltweit renommierten Universität lebten nun mal viele Frauen, die ausgesprochen gebildet waren. Deren Kinder waren, was Bildung und Startchancen in der Zeit vor der Schule anging, auch ohne exzellente Kita schon gut versorgt.

Die Enttäuschungen gingen noch weiter. Denn bald zeigte sich, dass auch Mittelschichts-Kinder aus den sieben anderen Städten nicht profitierten. Langfristig unterschieden sich die Schulleistungen der Kinder aus Experimental- und Kontrollgruppe nicht. »Die Kinder von weißen Müttern, die ein College besucht hatten, erzielten trotz Förderung im IHDP-Projekt keine besseren Testergebnisse als die Kinder ohne«, stellten die Forscherinnen um Jeanne Brooks-Gunn ernüchtert fest.

Auch bei Tests von kognitiven und sprachlichen Fähigkeiten schnitten die besonders geförderten Kinder nicht besser ab. Nach ein paar Jahren waren die Resultate in allen Städten so wie anfangs in Harvard: »Im Alter von acht Jahren waren die Ergebnisse der Kinder aus Experimental- und Kontrollgruppe ähnlich«, resümierten die Forscher ernüchtert.

Was Mittelschichts-Eltern leisten

Dieses Ergebnis macht skeptisch. Es zeigt, dass die Kinder aus der Mittelschicht von exzellenten Förderprogrammen in der frühen Kindheit längst nicht so stark profitieren wie die Kinder der Ärmsten. Das dürfte daran liegen, dass die Eltern der Mittelschicht ihren Job im Normalfall ganz gut machen: Ihre Kinder haben in den meisten Familien gute Lernchancen und werden relativ selten vernachlässigt. Sicher finden auch diese Kinder einen exzellenten Kindergarten toll – bloß ist das für sie nicht der scharfe Gegensatz zum Leben zu Hause, sondern eine nette Ergänzung.

Nun könnte man einwenden: Dieses eine Experiment ist vielleicht aus anderen Gründen gescheitert. Möglicherweise haben die Kitas in den acht amerikanischen Städten einfach nicht gut gearbeitet, möglicherweise sind im Lauf der Zeit zu viele Familien aus dem Programm ausgestiegen und dergleichen Bedenken mehr. Doch dafür findet sich in den IHDP-Berichten kein Anhaltspunkt. Und wer sich in der US-amerikanischen Forschung umschaut, entdeckt noch einen weiteren Beleg für die These der unterschiedlichen Wirksamkeit von Förderprogrammen: die NICHD-Untersuchungen. (Wer an dieser Stelle Mühe hat, die hässlichen Abkürzungen auseinanderzuhalten, sei getröstet: Das nervt jeden Leser – aber die sprachlich stolpernden Begriffe haben sich leider etabliert. NICHD jedenfalls steht für »National Institute of Child Health and Human Development«.)

Diese groß angelegte Langzeitstudie beschäftigt sich eigentlich gar nicht mit benachteiligten Kindern. Es geht vielmehr um die – früher heftig diskutierte – Frage, ob frühe Betreuung einem Kind schaden kann. Solche Bedenken wurden in den USA und in Deutschland vor nicht allzu langer Zeit immer wieder geäußert. Doch anders als die deutschen Wissenschaftler schrieben die amerikanischen Kollegen selten Pamphlete für oder gegen Krippen – sie näherten sich dem Thema lieber mit empirischen Fragestellungen.

Deshalb werden für die NICHD-Untersuchungen seit den frühen Neunzigerjahren mehr als tausend Kinder untersucht, die in den unterschiedlichsten Konstellationen betreut werden: ausschließlich von den Eltern, von Eltern und Tagesmüttern, in Krippen und so weiter. Auch diese Untersuchung beobachtet die Kinder noch lange nach der Vorschulzeit. Im Fokus steht dabei, ob die Betreuung außerhalb der Familie langfristig für die Kinder problematisch oder riskant sein kann. (Das ist zwar nicht Thema des Buches, trotzdem ein kurzer Exkurs für besorgte junge Eltern: Geht ein Kind in eine Krippe, wird es später deshalb nicht zu einem aggressiven Soziopathen. Leichte – die Betonung liegt wirklich auf leichte – Probleme können entstehen, wenn Kinder *sehr* früh *sehr* lange außerhalb ihrer Familien bleiben müssen. Wobei »lange« und »früh« in den USA etwas meint, was in Deutschland sowieso kaum jemand will: mehr als zehn Stunden täglich bei Kindern unter einem Jahr. Daraus kann man, wie der Pädagoge Hans-Günter Rossbach von der Universität Bamberg es tut, einen klaren Schluss ziehen: »Es spricht grundsätzlich nichts gegen Krippenbetreuung – sie sollte nur nicht zu früh beginnen und nicht zu viele Stunden am Tag dauern.« Also: Ein zweijähriges Kind wird durch fünf Stunden Krippe täglich keinen Schaden erleiden. Ob ein acht Monate altes Baby aber 12 Stunden täglich in einer Krippe bleiben sollte, ist fragwürdig – die NICHD-Forscher würden solche Betreuungszeiten eher skeptisch sehen.)

Natürlich kann man die vielen NICHD-Befunde auch nutzen, um nach den Vorteilen für Krippenkinder zu fragen. Da zeigen sich bloß leichte Vorteile, zum Beispiel beim Sozialverhalten oder in der kognitiven Entwicklung. Aber wieder geht es um sehr kleine Effekte: Sie sind, wenn man ehrlich ist, kaum der Rede wert.

Dies ist ein weiterer Beleg für die These, dass sich die großen Vorteile nur einstellen, wenn benachteiligte Kinder gefördert werden. Geht es dagegen – wie bei NICHD – um Kinder aus allen Schichten, ist es schnell vorbei mit den fantastischen Ergebnissen.

Wundermittel? Nicht für alle

Diese Ergebnisse einer kleinen (IHDP) und einer großen (NICHD) Studie lösen Zweifel aus, ob »mehr Kitas« so wunderbar wirken würden, wie Teile der deutschen Öffentlichkeit derzeit annehmen. Diese Hoffnungen, die in allen Parteien und sämtlichen Medien präsent sind, erinnern oft an die Hymnen auf die Gesamtschule in den Siebzigerjahren: Endlich, endlich haben Sozialingenieure das Rezept gefunden, nach dem sich unsere Gesellschaft ganz schnell zu ganz großer Gerechtigkeit führen lässt. Die Forschungsergebnisse lassen diese Hoffnungen leider unrealistisch erscheinen. Wundermittel sind Kitas allenfalls für stark benachteiligte Kinder. Je größer die Defizite der Familie, desto größer der Nutzen von frühkindlicher Bildung.

Damit kein Missverständnis entsteht: Natürlich ist jedem Dreijährigen ein guter Kindergarten zu gönnen. Das gilt für die USA genauso wie für Deutschland. Doch Resultate und Effekte werden sich unterscheiden – je nach sozialem Status der Eltern. Deshalb sollte man an dieser Stelle dem amerikanischen Ökonomen Heckman folgen und nicht dem skandinavischen Soziologen Esping-Andersen. Für einen Staat, der seine Mittel effizient einsetzen will, ist die Konsequenz eindeutig: Wer den Erfolg von Ypsilanti wiederholen will, muss sich konzentrieren.

Das Ziel lässt sich damit eindeutig formulieren: Kinder aus den schwierigsten Familien brauchen die beste Unterstützung.

Ypsilanti ist nicht Berlin-Wedding

Damit ist allerdings noch nicht geklärt, wie man die Kinder aus armen, schwierigen Familien in die exzellenten Kindergärten bringt. In Ypsilanti ist das gelungen – auch wenn es nicht ganz einfach war. David Weikart, Angestellter des lokalen Schulamts und Erfinder des Perry-Preschool-Projekts, musste erst viele Skeptiker in verschiedenen Behörden vom Sinn seines Vorhabens überzeugen, Die meisten Experten waren Anfang der Sechzigerjahre noch der Meinung, Drei- und Vierjährigen fehle die Reife für eine solche Art von Schule. Weikart allerdings setzte sich durch; er durfte schließlich die Daten der Schulbehörde nutzen, um alle Eltern herauszufinden, die im Schulsprengel lebten und Kinder im passenden Alter hatten. Danach schickte er seine Mitarbeiter zu Interviews los; mittels Fragebögen sollten die am stärksten benachteiligten Kinder herausgefunden werden. Mehrere Aufnahmebedingungen legte Weikart fest: Die Eltern der Kinder hatten nur extrem kurz eine Schule besucht; die Väter hatten miese Jobs; die Familien lebten in engen bis überfüllten Wohnungen. Ein Psychologe machte dann noch Intelligenztests mit den Kindern – schließlich sollte das Programm denen zugutekommen, deren geistige Entwicklung als »verzögert« eingeschätzt wurde. Am Ende hatte Weikart jene 123 Kinder gefunden, bei denen man schon ahnen konnte, dass das Leben für sie ziemlich viele Hürden bereithalten würde. Es war – aus der Sicht des Forschers – die »korrekte« Auswahl: eine Auswahl der Chancenlosen.

Das ist, aus wissenschaftlicher Sicht, makellos. Bloß ist es leider nicht auf Deutschland übertragbar. Oder kann man sich vorstellen, dass Psychologen durch Berlin-Neukölln ziehen, bei türkischen Familien klingeln und fragen, ob die Eltern mal einen IQ-Test für den jüngsten Sohn erlauben würden? Manche Eltern wären empört und würden sich bei den Behörden beschweren, andere würden sich die Einmischung verbieten. Wieder anderen Eltern wäre es egal – und manche wären bestimmt auch froh über die Unterstützung, die ihnen angeboten wird. Das zeigt: Eine direkte Suche der Sozial- oder Schulämter nach den »richtigen« Kindern ist in Deutschland nicht möglich und auch nicht sinnvoll.

Also muss manches anders laufen als in den Sechzigerjahren in Ypsilanti, USA. Bloß wie?

11 Irrwege
Was der Staat am besten bleiben lässt

Nehmen wir mal an, im Bundestag teilen viele Abgeordnete die Überzeugung, dass es sich für eine Gesellschaft lohnt, Kinder aus den schwierigsten Verhältnissen lange vor dem Schulstart intensiv zu unterstützen. Nehmen wir weiter an, diese Abgeordneten gibt es in allen Fraktionen. Sie haben im Parlament eine Mehrheit, und unter ihnen sind nicht nur Hinterbänkler, sondern auch Alphatiere der Politik. Vielleicht zählt sogar der Finanzminister zu ihnen. Dann stellt sich eine Frage: Was können diese Abgeordneten in den Zeiten leerer Kassen erreichen?

Einiges. Denn die Erfahrungen mit den Kindern in der amerikanischen Perry Preschool widersprechen dem Gedanken, dass Politik nur etwas taugt, wenn sie viel Geld verteilt. Manchmal, so legen die amerikanischen Forschungsergebnisse nahe, lohnt es sich, wenn der Staat Ruhe bewahrt und – nichts tut.

So sollte man, mit Blick auf die Perry-Preschool-Ergebnisse, zum Beispiel über das in Deutschland geplante Betreuungsgeld nachdenken: Ab 2013, so sieht es der Koalitionsvertrag der schwarz-gelben Bundesregierung vor, sollen Eltern 150 Euro pro Monat erhalten, wenn sie ihr Kleinkind nicht in eine Kinderkrippe bringen.

Damit würde der Staat denen etwas zahlen, die seine Angebote ablehnen. Das ist – vorsichtig formuliert – ein eher eigenwilliger Gedanke. Wer ihn ernst meint, müsste das Prinzip nicht nur in der Familienpolitik anwenden, sondern zum Beispiel auch bei der Mobilität der Bürger: Auch dafür gibt der Staat ja viel Geld aus. Er lässt Straßen bauen und Wege pflastern, er finanziert Flughäfen und subventioniert die Tickets von Bahnen und Bussen. Die Menschen erhalten ein Angebot – sie können es nutzen, aber sie müssen nicht. Und natürlich verzichten manche darauf. Sie bleiben zu Hause, weil sie vielleicht krank sind und nicht reisen können, weil sie ihren Schreibtisch im privaten Arbeitszimmer haben und nicht in einem Büro, weil sie arbeitslos sind oder einfach nicht gerne rausgehen. Wer auf die Idee käme, für diese genügsamen Menschen eine finanzielle Entschädigung zu verlangen, die er vielleicht »Ruhegeld« nennen könnte, würde ausgelacht.

Das Betreuungsgeld ist genauso absurd wie ein »Ruhegeld«. Doch was noch problematischer ist: Es schadet den Kindern der Unterschicht. Denn es ist eine Prämie für den Verzicht auf frühkindliche Bildung. Wie diese Prämie wirkt, lässt sich in Thüringen beobachten, dem familienpolitischen Labor der Republik. Dort beschloss die Landesregierung im Jahr 2006, ein Betreuungsgeld einzuführen. Seitdem erhalten Eltern monatlich 150 Euro, wenn sie ihre zweijährigen Kinder nicht in eine Kita bringen.

Zwar kann man nicht genau feststellen, ob in Thüringen »die Unterschicht das Betreuungsgeld versäuft«, wie der Berliner Bezirksbürgermeister Heinz Buschkowsky gewarnt hatte. Doch klären lässt sich, ob das Geld vom Staat bei den Eltern irgendetwas auslöst. Und dabei zeigt sich: Der ökonomische Anreiz wirkt. Seit Juli 2006, dem Starttermin des Betreuungsgeldes, entwickelten sich die Kitas in Thüringen anders als in den übrigen ostdeutschen Bundesländern. Denn in Thüringen ging die Zahl der Zweijährigen in den Kitas sofort deutlich zurück; in den anderen Ost-Ländern stieg sie – maßvoll, aber im Trend eindeutig – weiter an.

Bisher hat noch kein Sozialwissenschaftler genau analysiert, welche thüringischen Eltern ihre Kinder allein betreuen wollen. Plausibel ist, dass der Anreiz umso größer ist, je weniger Geld eine Familie hat. Wenn eine arbeitslose, alleinerziehende Mutter in Gera oder in Bad Langensalza von den Sozialbehörden monatlich – ohne Miete – insgesamt etwa 700 Euro bekommt, sind 150 Euro Betreuungsgeld»ein starker Anreiz, die Kinder nicht in eine vorschulische Bildungseinrichtung zu bringen«, wie Pädagogen der Universität Jena im»Thüringer Kindersozialbericht« kritisieren.

Doch plausibel ist nicht präzise. Deshalb lohnt sich ein Blick nach Norwegen, wo die Forschung mehr weiß. Dort wurde im Jahr 1998 ein Betreuungsgeld eingeführt. Bald stellte man fest, wie junge Mütter auf diesen neuen Anreiz reagierten: Sie wollten weniger arbeiten und mehr Zeit mit ihren Kindern verbringen. Allerdings unterschieden sich ihre Reaktionen je nach Bildungsstand. Frauen mit guter Ausbildung neigten dazu, einfach etwas weniger zu arbeiten – man könnte sagen, sie stiegen von Vollzeit- auf Teilzeitjobs um. Doch sie blieben auf dem Arbeitsmarkt präsent.

Anders die Frauen, die aus Asien oder Afrika nach Norwegen eingewandert waren. Sie hatten häufig schlechtere Ausbildungen als einheimische Frauen. Ihre schlechter bezahlten Jobs gaben sie deshalb auch häufiger auf. Das Betreuungsgeld war für sie ein Anreiz, sich vollständig aus dem Arbeitsmarkt zurückzuziehen.»Die Reform hatte negative Folgen für die norwegische Integrationspolitik, die versucht, die Arbeitsmarktbeteiligung der Immigrantinnen und den Kita-Besuch ihrer Kinder zu steigern«, resümiert die Ökonomin Ghazala Naz von der Universität Bergen.

Das alles lässt selbst eher konservative Familienforscher skeptisch werden. Der katholisch geprägte Ökonom Jörg Althammer von der Universität Eichstätt-Ingolstadt mahnt zur Vorsicht:»Das Risiko ist, dass das Betreuungsgeld nicht von allen Schichten gleichmäßig in Anspruch genommen wird und dass in manchen Familien der positive Einfluss der Kita entfällt, obwohl er dort wichtig wäre.«

Die Konsequenz ist also einfach und billig: Bloß kein Betreuungsgeld. Wenn unsere Fantasie-Parlamentarier sich darauf verständigen könnten, wäre schon etwas gewonnen: Den schwächsten Kindern würden keine Chancen genommen. Und der Staat würde jährlich etwa 1,5 Milliarden Euro sparen.

Ein Kindergeld-Moratorium

Ähnlich zurückhaltend könnten die Parlamentarier beim Kindergeld verfahren. Seit dessen Erhöhung im Jahr 2010 kostet das Kindergeld den deutschen Staat beinahe so viel wie alle Schulen zusammen – ein fiskalischer Unsinn, wie er von keinem anderen Industriestaat praktiziert wird. Wer den geringen Effekt dieses Instruments betrachtet, könnte sogar auf die Idee kommen, die jüngsten Erhöhungen rückgängig zu machen. Was wäre denn verloren, wenn den Eltern pro Kind nicht mehr 184 Euro bezahlt würden, sondern 154 Euro wie noch im Jahr 2007? Zumindest das wohlhabende Drittel der Bevölkerung würde das in Wirklichkeit kaum wahrnehmen.

Bei allem Wohlwollen für diesen Gedanken: Ein Abgeordneter, der für ihn einträte, beginge politischen Selbstmord. Die öffentliche Empörung über diese ökonomisch vernünftige und familienpolitisch unschädliche Idee wäre so groß wie 1998, als grüne Politiker im Wahlkampf einen Benzinpreis von fünf Mark pro Liter verlangten. Zwar plädierten die Grünen damals für einen Anstieg der Benzinpreise innerhalb von zehn Jahren; außerdem sollten im Gegenzug die Lohnnebenkosten sinken – doch die *Bild*-Zeitung tat so, als würde am Tag nach einer von den Grünen gewonnenen Bundestagswahl jeder Tankwart auf die Leiter steigen und das Schild »Fünf Mark« anschrauben. Wie Politologen gezeigt haben, sank die Lust der Wähler auf eine grüne Regierungsbeteiligung drastisch (wenngleich die erste rot-grüne Bundesregierung dadurch nicht verhindert wurde).

Ähnlich riskant wäre die Forderung, das Kindergeld auf das Niveau von 2007 zurechtzustutzen. Wahrscheinlich käme sogar ein Automatismus in Gang, der letztlich das Gegenteil des Gewünschten erzeugen würde. Es wäre beim sensiblen Thema Kindergeld nicht das erste Mal: Im Jahr 2007 plante das Bundesfinanzministerium, einen Report mit dem bürokratischen Titel »Existenzminimumbericht« erst Ende 2008 erscheinen zu lassen. Das klingt unbedeutend, ist es aber nicht. Denn von diesem Bericht hängt es ab, ob der Kinderfreibetrag erhöht wird – und erst wenn der steigt, erhöhen die Politiker im Normalfall gleichzeitig das Kindergeld. Das ganze Prozedere dauert ziemlich lange, was dem sozialdemokratischen Finanzminister Peer Steinbrück natürlich klar war. Seine Logik wäre gewesen: Existenzminimumbericht 2008, Kindergeld-Debatte 2009, Erhöhung 2010.

Als die *Süddeutsche Zeitung* über den Vertagungs-Plan der Koalition berichtete, schlossen sich die Reihen. Politiker fast aller Parteien traten innerhalb der nächsten Tage mit der Forderung an, die nächste Kindergeld-Erhöhung »keinesfalls erst im Jahr 2010« vorzunehmen. Bald knickte auch Finanzminister Steinbrück ein, obwohl er die Erhöhung für ziemlich blödsinnig hielt. Letztlich löste der Bericht mit dem Titel »Koalition stoppt Kindergeld-Erhöhung« also das Gegenteil dessen aus, was in der Schlagzeile stand. Ein bisschen absurd, aber politisch logisch.

Wahrscheinlich empfiehlt es sich daher eher, ein Moratorium anzustreben. Es müsste lauten: Mindestens sechs Jahre lang wird das Kindergeld nicht erhöht. Schon das dürfte schwierig werden. Im Jahr 2013 soll wieder ein Bundestag gewählt werden – und erfahrungsgemäß wächst der politische Wille zu einer Kindergeld-Erhöhung vor Wahlen mit exponentiell steigender Geschwindigkeit. Ein Jahr vor der Wahl redet keiner darüber, sechs Monate davor ist es ein großes Thema, und ein paar Wochen vor der Wahl werden die konkreten Euro-Beträge bekannt gegeben. Am Schluss verkünden die regierenden Politiker die »guten« Nachrichten einer Kindergeld-Erhöhung dann im Stundentakt. Wenn es unseren fiktiven Bundestagsabgeordneten gelänge, diese Logik zu durchbrechen – am besten so, dass zwei aufeinanderfolgende Bundestagswahlen ohne dieses Thema bestritten werden –, wäre einiges gewonnen.

Die Armut bekämpfen – bloß wie?

Dass Deutschland ein Armutsproblem hat, hat sich herumgesprochen. Dass Kinder in Armut langfristig schlechtere Chancen haben, ist ebenfalls bekannt. Die Debatte, wie diesen Kindern zu helfen ist, oszilliert zwischen zwei Polen: Den einen Pol besetzt die Linkspartei mit der Forderung, die Hartz-IV-Sätze drastisch zu erhöhen; am anderen Pol positionieren sich Politiker wie der Sozialdemokrat Buschkowsky mit der These, jeder zusätzliche Cent für die Kinder würde von deren Eltern nur für Zigaretten und Alkohol ausgegeben.

Ein kluges, stimmiges Konzept, das auf beide Argumente Rücksicht nimmt, hat das »Bündnis Kindergrundsicherung« vorgelegt. Demnach sollte der Staat die heutige Ungleichbehandlung der Kinder beenden. Er würde bei den finanziellen Leistungen nicht länger unterschiedliche Beträge zahlen, je nachdem, ob Eltern für ihr Kind Hartz-IV-Leistungen oder Kindergeld oder den Kinderfreibetrag bekommen. Die Höhe der einheitlichen Unterstützung leitet das »Bündnis Kindergrundsicherung« aus dem heutigen Steuerrecht ab: Es sieht ein monatliches Existenzminimum von gut 500 Euro für jedes Kind vor. Diese Summe, so fordern die Autoren, müsse der Staat tatsächlich auch für jedes Kind bezahlen. Allerdings wären diese 500 Euro steuerpflichtig. Das würde die Ungerechtigkeiten des heutigen Systems beseitigen. Denn nun würde die Steuerprogression wirken: »Die Kindergrundsicherung schmilzt mit steigendem Einkommen langsam ab, während Familien ohne oder mit geringem Einkommen die gesamte Leistung erhalten«, schreiben die Autoren, zu denen mehrere Wohlfahrtsverbände sowie renommierte Wissenschaftler wie der Familiensoziologe Hans Bertram von der Humboldt-Universität Berlin zählen. Unter dem Strich bliebe für Bestverdiener die Lage genauso wie heute; alle anderen Eltern würden mehr Geld für ihre Kinder erhalten – und zwar umso mehr, je niedriger ihr Einkommen ist. Es wäre eine soziale Lösung, weil Kinderarmut sofort weitgehend verschwinden würde. Und es wäre eine gerechte Lösung, weil der Staat dafür sorgen würde, dass ihm jedes Kind – *vor Besteuerung der Eltern* – gleich viel wert ist.

Doch wenn man sich die Kosten dieses Modells anschaut, erfasst einen leichter Schwindel. Die Autoren erwarten eine »Finanzierungslücke« von etwa 30 Milliarden Euro. Und das, obwohl das heutige Kindergeld mit seinen gut 40 Milliarden Volumen in der neuen »Kindergrundsicherung« aufgehen würde. Ein solches Projekt wäre in den Jahren der sozialstaatlichen Wundertüte nach 1970 möglich gewesen. Doch ob es im Jahr 2012 auch nur eine winzige Chance hat? Wahrscheinlich nicht, denn um es politisch plattzumachen, müssen die Finanzminister von Bund und Ländern nur ein Wort sagen: Schuldenbremse. Diese Verpflichtung zum ambitionierten und sogar wachsenden Defizitabbau steht seit 2009 im Grundgesetz – und sie wird sich zum Sargnagel einer ambitionierten Sozialpolitik entwickeln.

Die halbe Wahrheit – und ein bisschen mehr

Vielleicht bietet sich deshalb zur Reduktion der Kinderarmut eine Korrektur des Steuerrechts an, die auch von staatlicher Genügsamkeit geprägt ist. Sie könnte den Alleinerziehenden nützen – der Gruppe, in denen die Risiken von Armut und Kinderarmut am höchsten sind.

Bisher erklärt man die Armut der Alleinerziehenden fast ausschließlich mit der fehlenden deutschen Kinderbetreuung: Wer sein Kind allein erzieht, kann keinen Job annehmen, weil er – oder in den meisten Fällen: sie – nicht weiß, wer während der Arbeitszeit auf das Kind aufpasst. Also bleiben Alleinerziehende oft arbeitslos und häufig arm. Das klingt plausibel, zumal die Lage in anderen Ländern besser ist. In den skandinavischen Staaten und in Frankreich gibt es eine hervorragende Kinderbetreuung, auch für Kinder unter drei Jahren. Die Folge meint man in den Statistiken lesen zu können: In Schweden, Norwegen und Dänemark arbeiten viele Mütter; deshalb rutschen nur wenige Alleinerziehende und wenige Kinder in die Armut.

Diese Deutung ist nicht falsch – und es ist gut, dass sie in Deutschland inzwischen akzeptiert ist. Denn nur so konnte sich die Einsicht durchsetzen, dass die Betreuung für Kinder unter drei Jahren besser werden muss. Bloß: Es ist nur die halbe Wahrheit. Wer die Armutsquoten der Kinder nebeneinanderhält, sieht: In der Bundesrepublik sind mehr als 15 Prozent aller Kinder arm, in Schweden sind es weniger als fünf Prozent. Diesen Unterschied allein mit der fehlenden Kinderbetreuung für Ein- und Zweijährige zu erklären, ist ungefähr so, als würde man den weltweiten Klimawandel allein auf den CO_2-Ausstoß der US-amerikanischen Autos zurückführen: Man hat einen wesentlichen Faktor im Blick, aber nicht den einzigen. Dass es in Deutschland immer noch schwierig ist, einen Krippenplatz zu finden, ist eine notwendige Erklärung für die Armut Alleinerziehender, aber keine hinreichende.

Genauso problematisch, aber öffentlich kaum diskutiert, ist das deutsche Steuersystem. Es zeigt sich großzügig, wenn Menschen eine Familie gründen. Sobald ein Mann und eine Frau heiraten, gewährt der Staat einen Steuernachlass. Aus Steuerklasse eins auf der Lohnsteuerkarte wird – meist beim besser verdienenden Mann – die vorteilhafte Steuerklasse drei. Die Ehefrau landet dann in Klasse fünf. Die Ersparnis für das Paar ist enorm, häufig sind es einige Tausend Euro pro Jahr. Man kann das als eine Form staatlicher Armutsbekämpfung sehen.

Allerdings wird der deutsche Staat knauserig, sobald eine Familie – genauer gesagt: die Ehe – wieder aufgelöst wird. Dann werden die Expartner, auch wenn sie eines oder mehrere Kinder haben, fast wieder so behandelt, als seien sie Singles: Sie fallen in Steuerklasse eins zurück, wobei ihnen noch kleinere Steuererleichterungen zustehen. Doch diese gleichen die höhere Besteuerung längst nicht aus. Letztlich ist das Ehegattensplitting also ein Programm zur Förderung der Armut Alleinerziehender: Der Staat kassiert bei einer Scheidung in dem Maß, in dem er zuvor die Ehe unterstützt hat. Das ist die steuerpolitische Bestrafung der Geschiedenen.

Die skandinavischen Staaten, die bei der Bekämpfung der Kinderarmut so erfolgreich sind, gehen anders vor. Dort gibt es kein Ehegattensplitting mehr. Jeder Partner versteuert sein Einkommen selbst. Ein solches individuelles System wirkt auf den ersten Blick familienfeindlich: Der Staat scheint Menschen mit Kindern genauso zu behandeln wie Kinderlose. Doch das Gegenteil ist wahr: Skandinavische Länder unterstützen die Kinder und nicht die Ehen. Denn ein Staat, der auf das milliardenteure Ehegattensplitting verzichtet, kann viel mehr Geld für den Nachwuchs ausgeben. Er kann eine exzellente Kinderbetreuung finanzieren und durchaus auch Steuererleichterungen pro Kind gewähren. Davon profitieren dann alle Eltern – auch die Alleinerziehenden.

International setzt sich die individuelle Besteuerung von Ehepartnern allmählich durch, wie die OECD feststellt. Selbst das Nachbarland Österreich, sonst kein Musterfall fortschrittlicher Familienpolitik, hat sich vom Ehegattensplitting verabschiedet. Wenn sich die Bundesrepublik daran orientiert, kostet das den Staat keinen Cent. Diese Reform ist möglich, ohne dass dafür Milliarden ausgegeben werden. Den Kindern würde es helfen, wenn das Splitting abgeschafft würde. Und dass der Trauschein damit nicht mehr im Mittelpunkt des staatlichen Interesses steht – wen kümmert das? Im Jahr 2012 doch niemanden mehr.

12 Australischer Absturz
Weshalb kommerzielle Kindergärten nichts taugen

Wer nach dem Bankencrash von 2008 immer noch mit ökonomischen Erkenntnissen argumentiert, hat es nicht ganz leicht. Denn die Wirtschaftswissenschaft steht unter dem Verdacht, die Krise nicht nur nicht gesehen, sondern sogar mit ausgelöst zu haben. Zu viele Ökonomen hatten zu großes Vertrauen in die Vernunft der Märkte, zu viele folgten dem neoliberalen Credo, dass der Staat stets mit schlechteren Ergebnissen wirtschaftet als der Markt.

An dieser Kritik ist einiges dran – und trotzdem wäre es falsch, auf ökonomische Fragen zu verzichten. Denn in den nächsten Jahren wird der finanzielle Spielraum für politische Gestaltung schrumpfen. Umso wichtiger wird es, mit den geringen staatlichen Mitteln klug umzugehen. Außerdem eignet sich eine ökonomische Perspektive, um die Wirkungen von Kinder- und Familienpolitik zu beschreiben. Auch da (und nicht nur in der Welt der Banken) gibt es spektakuläre Fälle von Marktversagen, aus denen sich einiges lernen lässt. Zum Beispiel die Geschichte des reichsten Kindergärtners der Welt. Wenn man dessen Karriere nacherzählt, klingt es wie ein Märchen. Es ist aber ein Lehrstück über Privatisierungen im öffentlichen Dienst. Die Bundesrepublik kann einiges daraus lernen.

Der Name des Märchenhelden ist Eddy Groves. Er wurde 1966 in Südafrika geboren, sein Vater war Soldat. Im Jahr 1970 zog die Familie nach Queensland, Australien. Eddy begann nach dem College ein Wirtschafts-Studium, das er bald abbrach. Seinen Job in einer Bank gab er auf und gründete eine Milch-Lieferfirma. »Milko« nannten ihn die Journalisten später. Der Laden lief gut, doch Eddy strebte nach Reichtum in anderen Dimensionen. Schon als Kind, so erzählte er einmal, träumte er von der ganz großen Karriere. Doch während die meisten Menschen ihre Größenfantasien allmählich der Realität anpassen, blieb Eddy seinem Traum treu. Er arbeitete nach eigener Einschätzung »immer doppelt so hart wie die anderen«. Im Jahr 1986 heiratete er La Neve, eine Erzieherin. Zwei Jahre später eröffneten die beiden ihren ersten Kindergarten im australischen Brisbane und erfanden einen Namen, der nach früher Bildung klang: ABC Learning.

Das neue, kommerziell orientierte Unternehmen passte in eine Zeit, in der viele junge Mütter auf den australischen Arbeitsmarkt drängten und ihre Kinder dennoch gut versorgt wissen wollten. Die Expansion lief anfangs langsam, später rasant. 1998 – nach zehn Jahren – gehörten 22 Kindergärten zum Konzern; im Jahr 2001 waren es dann 43. Nun brachte Groves sein Unternehmen an die Börse, was viel Geld für ein enormes Wachstum einbrachte. Bald kaufte ABC Learning die größten privaten Konkurrenten des Landes. In manchen Städten Australiens gab es damit fast nur noch Kita-Plätze aus dem Hause Groves. Im Rückblick verblüfft das Wachstum: Jedes Jahr verdoppelte ABC Learning die Zahl seiner Kitas – im Jahr 2007 waren es dann 2.200.

Ein Wirtschaftsmagazin setzte Eddy Groves im Jahr 2007 auf Platz 94 der Liste der reichsten Australier. Sein Auftreten war rau; falls jemand anderer Meinung war als er, drohte Groves bei einer Diskussion schon mal, ihn »von der Landkarte zu pusten«. Der Manager fühlte sich von staatlicher Regelungswut verfolgt. Er hatte das Gefühl, keiner gönne ihm den Erfolg. Sein kindliches Gesicht tauge »in den Augen vieler nur als Dartscheibe«, sagte er einmal.

Reformen zugunsten der Privaten

Groves verdankte seinen Aufstieg der Tatsache, dass die australische Politik die Rahmenbedingungen für die Kitas änderte. Bis zum Ende der Achtzigerjahre ließ sich mit Kinderbetreuung in Australien – wie heute noch in Deutschland – nicht viel Geld verdienen. Wer Finanzhilfen vom Staat wollte, musste im Normalfall belegen, dass er gemeinnützig arbeitete. Es gab nur ein paar private Firmen, und die gehörten meist Frauen, die nur sehr wenige Kita-Plätze anboten und damit die Nischen füllten, in denen die gemeinnützigen Unternehmen nicht präsent waren. Dann kam die Wende: Die Regierung des Labour-Politikers Bob Hawke erleichterte 1991 den Privaten die Arbeit. Auch kommerzielle Kitas erhielten nun staatliche Zuschüsse. Das sollte den Ausbau der Betreuung beschleunigen. Denn Kitas waren immer noch Mangelware – zumal immer mehr junge Mütter zurück in die Jobs wollten.

Die Strategie des Staates war, wie die nächsten Jahre zeigten, von dramatischer Wirksamkeit. Innerhalb von nur fünf Jahren verdreifachte sich die Zahl der kommerziellen Kita-Plätze; gleichzeitig konnten gemeinnützige Anbieter von der Expansion kaum profitieren. Die Regierung des konservativ-liberalen Premierministers John Howard ging später noch einen Schritt weiter. Sie strich die bis dahin gewährten staatlichen Betriebskosten-Zuschüsse an gemeinnützige Kitas komplett. Damit entfiel der letzte Vorteil, den diese gegenüber kommerziellen Unternehmen noch hatten.

Was dann folgte, haben die Australier »bonanza for business« genannt: Eine Goldgrube für kommerzielle Anbieter entstand. Zahllose gemeinnützige Kindergärten mussten schließen oder wurden verkauft; ein paar große Firmen rollten den Markt auf. Sie erwarben Kitas in großem Stil; das Geld dafür besorgten sie sich an der Börse. Anfangs schienen sich in Australien mehrere solche Konzerne zu etablieren. Doch dann schluckte eine Firma nach und nach ihre großen Konkurrenten: ABC Learning. Eddy Groves sicherte seinen Aufstieg politisch ab. Er kannte die wichtigsten Politiker, und manchmal konnte er sich sogar für die staatlichen Wohltaten bedanken. Zum Beispiel beim australischen Jugendminister Larry Anthony, der 2001 ins Amt kam und es 2004 wieder verlassen musste. Ihn lobte Groves als »den besten Mann, den wir in dem Bereich je hatten« – und fünf Monate, nachdem Anthony seinen Sitz im Parlament verloren hatte, holte ihn Groves ins »Board« von ABC Learning. Dort saß auch schon die frühere Oberbürgermeisterin von Brisbane, Sallyanne Atkinson. Das seien keine Gefälligkeiten, sagte Groves. Was ihm keiner glaubte.

Die Geheimhaltung

So offensichtlich der Aufstieg von Groves war, so undurchsichtig blieb die Arbeit des Konzerns. Wie gut ABC Learning die Kinder betreute, ließ sich von außen nicht feststellen. »Unabhängige Wissenschaftler dürfen dort keine Studien machen«, klagte Christine Woodrow, Professorin an der University of Western Sydney. Der Konzern galt bei Gewerkschaftern und Forschern bald als aggressiv und prozesswütig gegen Kritiker. Immerhin gelang es der Forscherin Emma Rush vom Australia Institute, 600 Erzieherinnen im ganzen Land zu ihrer Arbeit zu befragen. Das Ergebnis fiel für die großen kommerziellen Anbieter fatal aus. Dort klagte das Personal oft, zu wenig Zeit für die Kinder zu haben. Immer wieder sinke der Personalschlüssel kurzzeitig unter die gesetzlichen Vorgaben. Und bei der Frage, ob sie ihr eigenes Kind dort betreuen lassen würden, wo sie arbeiteten, fielen die Antworten der Erzieherinnen deutlich aus: In gemeinnützigen Kindergärten lehnten dies nur fünf Prozent ab; in den großen kommerziellen waren es 21 Prozent.

In Werbekampagnen betonte ABC Learning, auf das Wohl der Kinder zu achten. »Wir lieben es, die Standards unserer Arbeit kontinuierlich zu verbessern«, versprach der Konzern auf seiner Website. Das gute Image war Eddy Groves viel wert: Allein im Jahr 2007 gab der Konzern 16 Millionen australische Dollars für Marketing aus. Doch im Schatten der Werbekampagnen zog die Firma gegen den Bundesstaat Queensland vor Gericht, weil sie dessen Personalvorgaben für Mittagessen und Pausen für zu hoch hielt. Und als das Bundesland Victoria detailliert Auskunft verlangte, ob gesetzliche Standards in den Kitas eingehalten wurden, begann ABC Learning den nächsten Prozess.

So sieht es also aus, wenn ein privater Kita-Konzern die Standards seiner Arbeit »kontinuierlich verbessert«.

Offensichtlich, so resümieren australische Pädagogen, gibt es bei kommerzieller Kinderbetreuung einen Zielkonflikt: Ein gewinnorientiertes, börsennotiertes Unternehmen ist einerseits den Aktionären verpflichtet, andererseits den Kindern. Beide Ziele lassen sich nicht gleichzeitig erreichen. Die Lösung, die ABC Learning fand, stellte die einen – die Aktionäre – in den Mittelpunkt, doch sie tat so, als ginge es im Wesentlichen um die anderen, die Kinder. »Für profitorientierte Kindertagesstätten lohnt sich ein Angebot, das hochwertig aussieht, aber minderwertig ist«, bilanziert der Ökonom Gordon Cleveland. Ähnlich skeptisch ist die australische Pädagogin Christine Woodrow: »Wenn ein Staat auf Kommerzialisierung des Kita-Systems setzt, wird zwar die Zahl der Plätze deutlich steigen, doch das Risiko ist groß, dass die Qualität sinkt.«

Der Absturz

Groves kaufte, weil sein Geschäft in Australien so gut lief, weitere Kita-Ketten. Mit gigantischen Summen engagierte er sich in den USA und in Großbritannien – sein Unternehmen war auf dem Weg, der erste »global player« der Kinderbetreuung zu werden. Natürlich benötigte Groves dafür fremdes Kapital: Weltweit eintausend Kitas innerhalb eines Jahres zu erwerben ist nicht billig. ABC Learning, der Liebling der Börse, lieh sich dafür zwei Milliarden australischer Dollar bei den Banken.

Doch zunehmend tauchten Fragen auf: War es wirklich rentabel, dass der Konzern auf dem US-Markt eingestiegen war, obwohl die staatlichen Zuschüsse dort viel niedriger waren als in Australien? Der Konzern habe in den USA »eine Menge Geld versenkt«, sagte ein Banker der Zeitung *Sunday Age* im Sommer 2007. Als ABC Learning im Februar 2008 bekannt gab, dass der Gewinn stark gesunken sei, stießen die Investoren massenhaft Aktien ab. Der Kurs von ABC Learning sank blitzartig um fast die Hälfte.

Für Eddy Groves' Vermögensbilanz war das ärgerlich. Doch dazu kam ein weiteres Problem: Der Chef hatte zusätzlich sein eigenes Aktiendepot beliehen. Das Geld, das er dafür von den Banken erhielt, steckte er wieder in die Firma. In Zeiten steigender Kurse kann sich das lohnen. Doch fällt der Aktienkurs stark, wird es fatal. Denn nun kann die Bank Einfluss nehmen und kann versuchen, ihr Kapital zu retten. Im Fall von Groves zwangen die Banken den Konzernchef und seine Frau, zwanzig Millionen Aktien zu verkaufen – zu einem historisch niedrigen Preis. Der Unternehmensanteil, der Eddy Groves am 5. März 2008 noch blieb, hatte einen Wert von 4.683 australischen Dollars. »Es war nicht der lustigste Tag meines Lebens«, sagte Groves mit grimmigem Humor.

In den nächsten Monaten zerfiel der Konzern. Zu den hausgemachten Problemen der Milliarden-Verschuldung wegen der vielen Kita-Käufe kam der Beginn der Weltwirtschaftskrise. Der Aktienkurs sank weiter; bald konnte ABC Learning seine Kredite nicht mehr bedienen. Ende 2008 rückte der Insolvenzverwalter an und versuchte, zu retten, was zu retten war. Aus Sicht des Unternehmens war das in Ordnung – bloß für die betroffenen Familien wurde es unangenehm. Als Erstes stiegen die Gebühren, dann prüfte der Insolvenzverwalter, welche Kitas unrentabel waren. Schnell wurden diejenigen geschlossen, die am wenigsten Geld brachten; einige Hundert weitere, die als leidlich rentabel galten, wurden verkauft. Blieben weitere 250, deren Schicksal ungewiss war: Für ihren Betrieb garantierte der Staat zwar mehrere Monate lang (und gab dafür mehr als fünfzig Millionen australische Dollars aus). Doch auch sie sollten bald weiterverkauft werden – die Unsicherheit der Eltern hatte kein Ende.

Die Lehren

Die Karriere von Eddy Groves zeigt, wie schnell sich der Markt für Kinderbetreuung wandelt, wenn der Staat die Rahmenbedingungen ändert. Vom bewährten gemeinnützigen System blieb in Australien nach den diversen Gesetzesänderungen kaum etwas übrig; im ganzen Land dominierten bald Kita-Konzerne mit hohem Gewinnstreben.

Könnte ein Gigant wie ABC Learning auch in der Bundesrepublik entstehen? Möglich wäre es. Auf der politischen Tagesordnung steht eine Liberalisierung der Branche jedenfalls immer mal wieder. Im Jahr 2008 wollte Familienministerin Ursula von der Leyen per Gesetz festschreiben, dass alle Kita-Träger »gleich zu behandeln« seien. Das hätte als juristische Basis für eine Kommerzialisierung getaugt: Jeder private Anbieter könnte sich darauf berufen – und würde notfalls vor Gericht durchsetzen, dass er von den Ämtern genauso stark unterstützt wird wie gemeinnützige oder staatliche Träger. Manche Bundestagsabgeordnete wie Johannes Singhammer waren von diesem Vorschlag angetan: »Ein gewisser Wettbewerb zwischen Anbietern ist sinnvoll«, sagte der familienpolitische Sprecher der CSU im März 2008. Doch weil damals noch die skeptischen Sozialdemokraten mitregierten, schwächte der Bundestag diese Passage ab. Nun *müssen* privat-gewerbliche Anbieter nicht staatlich gefördert werden – sie *können*. Ein wichtiger Unterschied.

Damit ist das Thema bei den Bundesländern gelandet. Sie haben die Erlaubnis, gewerbliche Unternehmen zu fördern, aber sie sind nicht dazu verpflichtet. Derzeit erlauben sechs Bundesländer privat-gewerbliche Kindergärten. (Die 1.000-Euro Nobelkita, von der in Kapitel 3 berichtet wurde, steht nicht zufällig in München: Das Land Bayern gestattet kommerzielle Kindertagesstätten, genauso wie das Land Brandenburg, in dessen Hauptstadt Potsdam die vornehme »Villa Ritz« entstand.) Doch ein Trend wie in Australien ist bisher in Deutschland nicht zu erkennen. Nach der einzigen verfügbaren, etwas älteren Berechnung erreichten kommerzielle Anbieter im Jahr 2007 bei Kinderkrippen weniger als zwei Prozent Marktanteil; bei Kindergärten waren es nur 0,3 Prozent. Und an den deutschen Börsen ist noch kein Kita-Konzern notiert.

Doch vielleicht heißt das nur, dass noch kein Typ wie Eddy Groves auf die Idee gekommen ist, mit kommerzieller Kinderbetreuung Millionen zu verdienen. Und falls weitere Bundesländer die Hürden für gewerbliche Kitas beiseiteräumen, steigt die Wahrscheinlichkeit, dass gewinnorientierte Unternehmen diese Wachstumsbranche entdecken. »Das kann ein wunderbares Feld für internationale Investoren werden«, warnt Christine Woodrow. »Sie lernen schnell, dass der Staat viel Geld ausgibt und dass Eltern, die dringend Kita-Plätze benötigen, bereit sind, einiges auf diese Beträge draufzulegen.«

Hoffentlich lesen die Investoren dieses Buch nicht. Falls doch, dann haben die deutschen Politiker vielleicht bis dahin begriffen, dass eine Kommerzialisierung der Kinderbetreuung nur wenige Gewinner kennt. Es sind nicht die Kinder.

13 Umwege
Vom Kurswechsel der Familienpolitik

Die deutsche Familienpolitik ist in Bewegung gekommen. Das hat viel mit einer Frau zu tun: mit Ursula von der Leyen. Diese Politikerin, die Schwierigkeiten scheinbar weglächeln kann, hat im Jahr 2007 mit erstaunlicher (und riskanter) Frechheit ein Thema auf die Tagesordnung gesetzt, bei dem sie eigentlich nichts zu melden hatte. In einem Zeitungsinterview forderte die damalige Bundesfamilienministerin, dass es in Deutschland bis zum Jahr 2013 gelingen müsse, für jedes dritte Kind einen Betreuungsplatz in einer Krippe oder bei einer Tagesmutter zu schaffen.

Das war auf doppelte Weise dreist. Zum einen mischte sich eine Bundesministerin in die Arbeit ihrer Kollegen ein. Schließlich sind Kindertagesstätten im deutschen Föderalismus seit jeher Sache der Bundesländer und ihrer 16 Sozialminister. Und zum anderen wollte die CDU-Frau etwas Unerhörtes: Krippenplätze in Westdeutschland! Hatte die Union nicht ein paar Jahre zuvor gegen diese Ideen gekämpft, die man doch aus der DDR und den anderen sozialistischen Staaten kannte? Und nun kam die Tochter des ehemaligen niedersächsischen Ministerpräsidenten Ernst Albrecht – eines ziemlich glaubensfesten Konservativen – und forderte etwas, was vielleicht ein paar SPD-Emanzen auf ihren Parteitagen verlangten. Aber doch kein Unionspolitiker, der noch halbwegs zurechnungsfähig war. So weit die Innensicht von CDU und CSU im Frühjahr 2007.

Verblüffend war, dass Ursula von der Leyen auf einer Woge der Sympathie durch die Konflikte der nächsten Monate getragen wurde. Der inzwischen fast vergessene Bischof Walter Mixa polterte zwar, dass Frauen zu »Gebärmaschinen« degradiert würden, wenn von der Leyens Pläne realisiert würden. Doch diese hysterische Einlassung half der CDU-Politikerin eher, als dass sie ihr schadete. Erstaunt nahmen ihre Parteikollegen wahr, wie eine bis dahin unbekannte Frau, der noch ihr Jugend-Spitzname »Röschen« anhaftete, allmählich zu einem Star der deutschen Politik wurde.

Im Nachhinein wirkt es so, als hätte Ursula von der Leyen eine Schleuse geöffnet. Jahrelang hatten die westdeutschen Eltern still hingenommen, dass sich kaum jemand für die Probleme interessierte, die sie wegen fehlender Betreuungsplätze stets privat bewältigen mussten. Nun kam eine Schleusenwärterin, dachte laut über den Problemstau nach – und plötzlich wurde erkennbar, wie groß der Leidensdruck bis dahin war. Privater Stress war auf einmal politisch bedeutsam.

Diese Mischung – eine unbekümmerte Polit-Aufsteigerin benennt mit Charme und Hartnäckigkeit ein verschwiegenes gesellschaftliches Defizit – erklärt wohl, dass die Initiative so schnell Erfolg hatte. Schon acht Wochen später hatten die Länderminister dem Ausbau der Krippen im Grundsatz zugestimmt; danach entstanden die entsprechenden Gesetze.

Von der Mittelschicht an die Mittelschicht

Zweifellos ist das, was Ursula von der Leyen angestoßen hat, ein Fortschritt. Aber es ist wie so oft bei Reformen des Sozialstaats: Dieser Fortschritt nutzt vor allem der Mittelschicht. Das lässt sich in allen Städten und Gemeinden Westdeutschlands beobachten, in denen Kitas ausgebaut werden. Im Gerangel um Krippenplätze kommen die gut ausgebildeten jungen Mütter am schnellsten zum Zug. Sie haben gelernt, dass man sich in vielen Kommunen am besten gleich nach der Zeugung eines Kindes auf die Wartelisten der Krippen setzen lässt, weil das die Chancen auf einen Betreuungsplatz erhöht. Sie haken erfolgreich nach, wenn ihnen eine Absage droht. Sie haben klare Vorstellungen, warum sie unbedingt einen Krippenplatz brauchen: Falls sie nicht arbeiten, entgeht ihnen ein vergleichsweise hohes Gehalt. Und sie erwarten von den Krippen oft, für die frühe Bildung ihrer Kleinen (und den perfekten Start ins Leben) zu sorgen. Sie können sich durchsetzen.

Gerade in den modernen Quartieren wohlhabender Großstädte wie Hamburg, Stuttgart oder München ist das Ergebnis zu besichtigen. Dort sind in den – oft exzellent ausgebauten – Krippen kaum Einwanderer anzutreffen. Es dominieren Akademiker-Paare, die mit Mitte dreißig ihr erstes Kind bekommen und es bestmöglich versorgt wissen wollen. (Womit sich übrigens die Situation grundlegend gewandelt hat: Anfang der Achtzigerjahre stellte das Münchner Sozialreferat fest, dass in den städtischen Krippen etwa die Hälfte der Kinder aus den Familien von Einwanderern kam. Diese Zeiten sind vorbei.) Wieder einmal bestätigt sich ein Diktum, das dem großen Soziologen Ralf Dahrendorf zugeschrieben wird:»Was der Sozialstaat leistet, ist eine gigantische Umverteilung von der Mittelschicht an die Mittelschicht.«

Natürlich muss man positiv vermerken, dass Politiker und Beamte aufgewacht sind. Sie wissen, dass Eltern ab August 2013 einen Rechtsanspruch auf Betreuung haben, sobald ihr Kind ein Jahr alt ist. Irgendwo in der tiefen westdeutschen Provinz mag es ein paar ignorante Bürgermeister geben, die trotzdem nichts unternehmen – im Vertrauen darauf, dass es so laufen wird wie bei der Einführung des Rechtsanspruchs auf einen Kindergartenplatz für Dreijährige im Jahr 1996. Damals kannten die Eltern das neue Recht kaum, und die wenigen, die sich dessen bewusst waren, erlebten dennoch die eigene Machtlosigkeit angesichts einer zähen Bürokratie: Selbst eine Klage vor den Gerichten hätte ihnen nicht viel gebracht. Der Marsch durch die Instanzen wäre erst zu Ende gewesen, wenn das Kind längst eingeschult wäre. Und was haben Eltern davon, dass ihnen ein missmutiger Beamter einen Kita-Platz anbietet, der dummerweise neun Kilometer von ihrem Wohnort entfernt ist? Weil Eltern auch das wussten, blieb eine Klagewelle 1996 aus. Es gab einen Rechtsanspruch, aber niemanden, der sein Recht verlangte.

»Das grenzt an Kindeswohlgefährdung«

Vieles hat sich geändert. Jedes Kommunalparlament, das heute versuchen würde, den Ausbau der Betreuung auszusitzen, müsste sich auf zornigen Protest der Eltern einstellen. Prozesse vor den Verwaltungsgerichten wären garantiert, und das nächste Wahlergebnis brächte die Quittung für politische Ignoranz. Auch da zeigt sich: Familienpolitik hat in Deutschland einen anderen Stellenwert als noch vor 15 Jahren.

Das politische Aufmerksamkeits-Defizit-Syndrom existiert nicht mehr. Die allermeisten Politiker und Beamten wollen die Betreuung ausbauen. Nachdem sie sich jahrzehntelang nicht für frühkindliche Bildung interessiert haben, beginnen sie derzeit ziemlich engagiert mit dringend notwendigen Reparaturen des Systems. Sie stehen dabei – eben *weil* sie so lange so wenig getan haben – vor vielen Herausforderungen gleichzeitig. In den westlichen Bundesländern fehlen Krippenplätze; in Flächenstaaten wie Niedersachsen, Baden-Württemberg und Bayern mangelt es auch an Ganztagsangeboten in Kindergärten. In Großstädten gibt es zu wenig Personal, und fast überall beschäftigen die Kitas zu wenige Erzieherinnen für zu viele Kinder.

Gerade in Ostdeutschland sind die Personalschlüssel unerträglich – hier wirken noch DDR-Traditionen nach. In Brandenburg zum Beispiel muss sich eine Erzieherin in einer Krippe im Schnitt um fast acht Kinder kümmern. Zum Vergleich: Internationale Experten empfehlen einen Personalschlüssel von eins zu drei bis eins zu vier. Die Entwicklungspsychologin Fabienne Becker-Stoll vom bayerischen Staatsinstitut für Frühpädagogik ist über die Situation in Ostdeutschland entsetzt: »Solche Personalschlüssel grenzen an Kindeswohlgefährdung«, sagte sie der Süddeutschen Zeitung im Juni 2008. Ein Bericht des Bundesfamilienministeriums vom Mai 2011 bewertet die Personalsituation in Ostdeutschland ebenfalls als »unter fachlichen Gesichtspunkten bedenklich«.

Doch es ändert sich manches. Brandenburg bemüht sich, ähnlich wie Berlin, die Personalmisere zu beheben. Im Westen haben viele Kommunalpolitiker den Ausbau der Kitas mit einer hohen Priorität versehen. Das Musterland Rheinland-Pfalz beweist, dass mehrere Verbesserungen gleichzeitig möglich sind. Dort erreichen viele Kitas inzwischen ordentliche Personalschlüssel; gleichzeitig gelingt es, auch neue Krippen zu schaffen. Und die Halbtagsplätze im Kindergarten, die Mütter zwangen, mittags die Kinder abzuholen, sind in Rheinland-Pfalz fast verschwunden. Hier sieht man, was engagierte Politik leisten kann.

Wer sich fragt, wem alle diese Verbesserungen zugutekommen, entdeckt wieder das alte, universalistische Prinzip der deutschen Familienpolitik: Wir helfen allen, dann ist allen geholfen. Doch das stimmt eben nicht. Der Krippenausbau mag mittelfristig auch benachteiligte Kinder in schwierigen Stadtvierteln unterstützen. Nur: Kinder aus den Armutsquartieren brauchen mehr. Sie profitieren enorm, wenn sie nicht erst im Jahr 2018 in eine mittelmäßig ausgebaute Kinderkrippe oder einen halbwegs erträglichen Kindergarten gehen, sondern wenn für sie schon 2013 ein exzellenter Start in einer Kita möglich ist.

Schauriges Unterschichts-Fernsehen

In den letzten Jahren hat sich die Agenda geändert. So diskutiert das Land inzwischen über die Integration von Migrantenkindern, über Bildungsverlierer und über den Alltag in verarmten Quartieren wie Berlin-Neukölln. Doch solche Debatten erinnern an das Unterschichts-Fernsehen, das nachmittags auf RTL läuft: Mit wohligem Schauder versichert sich die Mittelschicht gelegentlich, dass sie »so« nicht ist. Und wer sich in dieser medialen Auseinandersetzung zu Wort meldet, hat meist schlichte Rezepte zur Hand: Härtere Sanktionen! Kindergeld streichen! Pflicht-Kindergarten! Hartz IV kürzen!

Viele dieser Vorschläge bleiben im Debattennebel der Talkshows stecken. Zum Beispiel die gern verlangte Pflicht zum Kindergarten-Besuch. Sie klingt im ersten Moment vernünftig, wenn man sich erinnert, wie sehr ein Kind von früher Förderung profitieren kann. Bloß: In welchem Alter soll eine solche Pflicht einsetzen? Vielleicht schon bei den Dreijährigen, weil im Leben dieser kleinen Kinder noch nicht so vieles festgezurrt ist? Mag sein, dass amerikanische Ökonomen wie James Heckman so etwas empfehlen würden – aber kann man sich ernsthaft vorstellen, der deutsche Staat würde jeden Dreijährigen zur Kita verpflichten?

Wohl kaum. Denn auch eine wohlmeinende Sozialpolitik muss anerkennen, dass zunächst einmal die Eltern für ihre Kinder zuständig sind. Also möglicherweise eine Kita-Pflicht ab dem fünften Geburtstag, im Jahr vor der Einschulung also? Das brächte vergleichsweise wenig, weil bei einem Fünfjährigen die wichtigsten Weichen schon gestellt sind. Und selbst dafür wären die politischen Hürden hoch: Erst mal wäre eine Grundgesetzänderung nötig. Und dann bliebe das Problem, dass es in manchen Regionen noch immer nicht genügend Kita-Plätze gibt. Wenn aber das Angebot nicht ausreicht, ist eine Pflicht zur Nachfrage bloß ein schaler Scherz.

Manchmal entsteht aus schlichten Thesen allerdings auch Politik. Schlichte Politik. So entschied die Bundesregierung im Jahr 2010, dass Hartz-IV-Empfänger kein Elterngeld mehr erhalten; außerdem veränderte das Arbeitsministerium die Regelsätze so, dass Tabak und Alkohol nicht mehr berücksichtigt werden. Das erinnert ein wenig an die Prohibitionspolitik der USA in den Zwanzigerjahren, als der puritanische Staat versuchte, den Menschen die Sucht zu verbieten. Mit dem Unterschied, dass es in der Bundesrepublik eine bestimmte Gruppe treffen soll: die Langzeitarbeitslosen. Wer nicht arbeitet, hat nichts zu lachen und nichts zu rauchen. Das alles wirkt, als hätte Thilo Sarrazin die Vorlage geliefert und eine Anne-Will-Plauderrunde die Gesetze beschlossen. Wenn das soziale Politik ist, dann ist Bischof Mixa ein liberaler Schöngeist.

Die Alternative ist freilich nicht, das Thema auszuklammern. Die Frage ist nicht, *ob* die Politik sich mit der deutschen Unterschicht beschäftigen sollte, sondern *wie* man sich den Menschen nähert, die nicht so sind, wie die Bildungsbürger sich das vorstellen. Doziert man von der Kanzel herab mit der steten Gewissheit, ganz anders zu sein als die »da unten«? Dann wird das Gerede über die Lebensbedingungen in Neukölln schnell zur eitlen Selbstvergewisserung: Man blickt mit Schaudern auf die, die ihr Kindergeld versaufen. Man bedauert deren Kinder – doch letztlich versichert man sich damit vor allem seiner Zugehörigkeit zur Mitte.

Eine respektvolle Sichtweise

Die andere Sichtweise wäre vorsichtiger, respektvoller. Es ginge nicht darum, sich zu gruseln vor den Lebensweisen am Rand der Gesellschaft. Sondern um das Wahrnehmen der Menschen, ihrer Situation und ihrer Schwierigkeiten. Jede junge, arbeitslose, überforderte Mutter würde auf die Frage, was sie sich für ihr Kind wünscht, antworten: das Beste. Bloß haben manche dieser Mütter in der Kindheit selten erlebt, dass sie von ihren eigenen Eltern wirklich »das Beste« bekamen. Und wer als Kind in einer kalten, abweisenden, möglicherweise gewalttätigen Welt aufwuchs, wird es als Erwachsener schwer haben, den eigenen Kindern ein warmherziges, zugewandtes, friedliches Zuhause zu bieten.

Eine solche Perspektive entschuldigt nicht jedes Fehlverhalten der Eltern – sie erweitert aber den Tunnelblick der TV-Talkrunden. Eine solche Perspektive formuliert Pflichten, aber sie achtet gleichzeitig auf die Chancen derjenigen, die zu etwas verpflichtet werden. Keinem Dreijährigen ist geholfen, wenn seiner überforderten Mutter das Kindergeld gestrichen wird. Doch der Dreijährige lernt viel, wenn er in eine exzellente Kita kommt, in der pädagogische Profis mit der Mutter auch über Bildungschancen des Sohnes reden können. Wer diese Kinder erreichen will, kommt mit Pflichten für die Eltern nicht viel weiter – er muss ihnen die richtigen Angebote machen.

14 Zauberformeln
Die richtige Politik

Lehnen wir uns einen Moment zurück und fantasieren ein wenig. Wir vergessen den deutschen Föderalismus. Wir denken nicht an rechtliche Hürden, staatliche Kompetenzen und finanzielle Beschränkungen. Wir fragen stattdessen – zugegeben: zunächst blauäugig – nach Bildungsgerechtigkeit für die Benachteiligten. Was benötigen Kinder am Rand der Gesellschaft? Was brauchen jene 15 Prozent eines Jahrgangs, bei denen lange vor Schulbeginn klar ist, dass sie später massive Schwierigkeiten haben werden, einen Platz in der Mitte der Gesellschaft zu finden?

Die Ergebnisse der Perry Preschool und anderer amerikanischer Experimente mit früher Bildung sind so beeindruckend, dass man jedem dieser Kinder im Alter von drei Jahren eine solche Vorschule wünschen würde. Dort könnten sie in zwei oder drei Jahren manches nachholen, was ihnen zu Hause verwehrt bleibt. Und etliche Eltern dieser Kinder würden sich dort gut unterstützt fühlen: Die Pädagogen in diesem Kindergarten wären dank hervorragender Ausbildung und bester Personalschlüssel fähig, eine ganz andere Elternarbeit zu machen, als sie heute üblich ist.

Die Hoffnung, für die es viele Belege aus den USA gibt, lautet: Zehn Jahre später haben viele dieser Kinder ihren Weg gefunden. Sie schneiden vielleicht in einem IQ-Test nicht besonders gut ab. Aber sie können Frustrationen besser aushalten, sie bleiben an Aufgaben besser dran und sind dank solcher Fähigkeiten besser in der Schule. Wieder ein paar Jahre später wird sich der Nutzen dieses guten Starts noch deutlicher zeigen: Die jungen Erwachsenen haben höhere Einkommen, sind seltener kriminell und drogenabhängig – und sie führen ein zufriedeneres Leben. Man könnte all die positiven Entwicklungen feststellen, die bei den amerikanischen Experimenten aufgefallen sind.

Unser sozialpolitischer Traum hätte also ein schlichtes, dennoch großes Ziel: Überall in Deutschland, wo die Kinder mit den größten Startschwierigkeiten leben, gibt es eine deutsche Variante der Perry Preschool. Das würde bedeuten: Die allermeisten dieser exzellenten Kindergärten müssten in den Armutsquartieren der Städte entstehen. Dort – und nicht in den gestylten Altbauvierteln – wohnen die Kinder, für deren Bildungschancen sich heute kaum jemand interessiert. Zufrieden kann man erst sein, wenn in jedem »schwierigen« Viertel mindestens ein exzellenter Kindergarten existiert. Es wäre eine rentable und gleichzeitig menschenfreundliche Investition in die Zukunft.

So weit der Traum. Wenn wir uns in die deutsche Realität zurückblenden, stellt sich eine Frage: Wie könnte das gelingen? Wie kann dieses Land sicherstellen, dass es so schnell wie möglich hervorragende Kitas für benachteiligte Kinder schafft?

Das amerikanische Modell

Ein Modell bietet sich an, das Deutschland kopieren könnte: »Head Start«. Es stammt aus den USA und ist der Versuch, im ganzen Land die Erfahrungen aus den Preschool-Experimenten anzuwenden. Ziel dieses Programms ist, möglichst viele Kinder aus armen Familien in gute Kitas zu holen. Head-Start-Kindergärten sind nicht perfekt ausgestattet, wie es die Perry Preschool war. Doch sie sind weit besser als das, was sich selbst US-Mittelschichts-Eltern normalerweise leisten können. Denn die Personalschlüssel sind höher als in gewöhnlichen Kindergärten; auch die Qualifikationen der Mitarbeiter liegen über dem Normalmaß.

Etwa eine Million Kinder nehmen jedes Jahr an dem Programm teil, das – anders als die meisten deutschen Kindergärten – genaue Ziele, zum Beispiel bei der Sprachentwicklung, definiert. Noch vor dem ersten Tag der Preschool sollen Eltern Fragebögen über ihre Kinder und das Leben in der Familie ausfüllen. Haben die Head-Start-Pädagoginnen diese Berichte gelesen und ausgewertet, besuchen sie jede Familie zu Hause. Kontinuierlich dokumentieren die »teachers« später, wie sich jedes Kind entwickelt; immer wieder beschreiben sie, welche Förderung sinnvoll war und welche nutzlos. Mit den Eltern werden diese Ergebnisse regelmäßig besprochen – wie in Ypsilanti ist das ein Versuch, die Erwachsenen für die Bildungschancen ihrer Kinder zu interessieren. Und immer wieder werden Eltern eingeladen, sich am Kita-Alltag zu beteiligen; Kurse für Mütter und Väter zu den Themen körperliche oder psychische Gesundheit, Ernährung oder Drogenrisiken sind alltägliche Angebote.

Deutsche Erzieherinnen würden wahrscheinlich stöhnen, wenn sie zu einem solchen Programm verpflichtet würden: zu bürokratisch, zu viel Kontakt zu den Eltern – man will doch Kinder betreuen, oder? Diese Ablehnung mag individuell verständlich sein: In den letzten Jahren wurde deutschen Erzieherinnen immer mehr »Schreibkram« zugemutet, was vielen lästig war. »Wozu die ganzen Dokumentationen, wenn am Ende die Zeit für die Kinder fehlt?«, fragen manche genervt.

Wer bei Head Start arbeitet, klagt darüber nicht. Denn das Selbstverständnis dieser Pädagogen ist anders. Sie sehen sich als Förderer benachteiligter Kinder, nicht als Betreuer von Kids, in deren Familien ohnehin alles glatt läuft. Und sie wissen, dass Förderung ohne präzise Ziele schnell beliebig wird. Außerdem sind die Head-Start-Kitas personell einigermaßen gut ausgestattet: Auf einen »teacher« kommen fünf Kinder – die Dokumentationen und die Elternarbeit sind also zu schaffen.

Zwei Monate nach Programmstart – jährlich im Spätsommer – folgt bei Head Start die erste Elternkonferenz, dann erneut ein Hausbesuch, schließlich ein Gespräch, bei dem die Eltern eine Art Jahreszeugnis erhalten, auf dem präzise beschrieben ist, welche Lernfortschritte ihr Kind gemacht hat und welche nicht. Damit die Kommunikation mit den Eltern nicht an Sprachbarrieren scheitert, ist vorgeschrieben, dass in jeder Head-Start-Klasse mit 15 Kindern mindestens ein Lehrer die Muttersprache eines jeden Kindes beherrscht. Auch das wirkt aus deutscher Sicht futuristisch: Hier wäre es in den meisten Städten schon ein Ereignis, wenn die erste Deutsch-Türkin eine Kindertagesstätte leiten würde. Aber selbst solche Nachrichten sind hierzulande selten.

Geschwister im Vergleich

Nüchtern wie US-Pädagogen sind, haben sie in fast vierzig Jahren Head Start auch versucht, den Nutzen des Programms zu ermitteln. Allerdings war das nicht so einfach: Es fehlte die Kontrollgruppe, die einen Vergleich zwischen geförderten und nicht geförderten Kindern erlauben würde. Außerdem gibt es bis heute keine echte Langzeit-Forschung: »Ich kenne keine einzige Untersuchung, die die Entwicklung von Head-Start-Kindern bis ins Erwachsenenalter verfolgt«, sagt die Ökonomin Janet Currie, die an der Columbia University in New York forscht.

Currie griff deshalb zu einem Trick. Sie wertete eine landesweite Befragung über Einkommen und Familienverhältnisse aus, die *Panel Study of Income Dynamics*. Dabei werden erwachsene US-Bürger regelmäßig zu ihren Einkommen und

Lebensverhältnissen interviewt; eine der vielen Fragen lautet, ob sie als Kind an einem Head-Start-Programm teilgenommen hatten. Diese Informationen nutzte Janet Currie, um aus dem riesigen Datensatz Geschwisterkinder herauszufiltern, von denen eines in einer Head-Start-Kita war, das andere nicht. Weil das Head-Start-Programm schon seit den Sechzigerjahren läuft und so viele Kinder erfasst hat, fand die Wissenschaftlerin genügend Geschwisterpaare für einen aussagekräftigen Vergleich.

Currie stellte dabei deutliche Unterschiede zwischen den Geschwisterkindern fest:»Die Teilnahme an Head Start geht einher mit einer signifikant erhöhten Wahrscheinlichkeit eines Highschool-Abschlusses unter Weißen sowie mit einer signifikant gesunkenen Wahrscheinlichkeit von Straftaten unter Afroamerikanern«, bilanziert die Ökonomin. Das erinnert an die Folgen von Ypsilanti: Die Schulabschlüsse werden besser, die Kriminalität sinkt. Die Erfolge sind nicht so enorm wie in der Musterstadt – dafür ist das Programm auch nur etwa halb so teuer wie die Perry Preschool.

Die Angst vor dem Stigma

Die Frage ist: Könnte man ein solches Programm in Deutschland etablieren? Das erste Gegenargument, das einem einfällt, ist das Problem der Stigmatisierung. Eltern, die ihr Kind dorthin schicken, müssen sich zu ihrem sozialen Status bekennen – und der ist nun einmal nicht besonders gut. Bevor sie einen Platz bekommen, müssen sie ihre finanzielle Lage offenbaren. In den meisten US-Staaten gilt als Aufnahmekriterium, dass das Familieneinkommen etwa an der Armutsgrenze liegen muss oder dass Eltern staatliche Leistungen aus bestimmten Sozialprogrammen erhalten.

Man ist versucht, aus deutscher Sicht vor diesem Prinzip

zu warnen. Wäre es nicht eine Zumutung, wenn ökonomisch benachteiligte Eltern vor aller Augen bekennen müssten, ein solches Hilfsprogramm in Anspruch zu nehmen? Folgt man diesem Argument, scheidet dieses Organisationsprinzip aus. (Wobei das mit der Stigmatisierung zu überprüfen wäre: Stimmt es denn wirklich, dass Eltern in Berlin-Neukölln fürchten würden, von ihren Nachbarn als Hilfsbedürftige diffamiert zu werden, wenn sie ihre Kinder bei einem solchen Kindergarten anmelden? Könnte es nicht sein, dass viele Betroffene sich um dieses scheinbare Stigma gar nicht kümmern? Vielleicht schwingt in der Angst vor der Stigmatisierung ja wieder einmal eine typische Mittelschichts-Sorge mit? Möglicherweise sehen diejenigen, die man mit einer deutschen Variante der Head-Start-Preschool unterstützen würde, das in Wirklichkeit viel entspannter? Hier ist man auf Vermutungen angewiesen – bis entweder Wissenschaftler sich diesen Fragen zuwenden oder eine Kommune einen Versuch macht.) Dennoch: Der kühle US-Mechanismus »Wir gewähren gute Kinderbetreuung erst nach Beweis persönlicher Armut« ist dem deutschen Sozialstaat fremd. Und die Chancen, dass sich so etwas etablieren lässt, sind gering.

Also muss man ein Prinzip finden, das die bedürftigen Kinder erreicht, aber besser zu deutschen Befindlichkeiten passt. Hier lohnt ein Besuch bei einer Frau, die in einer großen Stadt eine kleine Revolution gemacht hat. Christine Strobl hat in München etwas durchgesetzt, was eine Zeitung schon mal als »Zauberformel« bezeichnet hat: eine radikal verbesserte Art, Kitas zu finanzieren.

Das Ziel: Bildungsgerechtigkeit

Christine Strobl hat erlebt, was »Bildungsferne« bedeutet. Die zweite Bürgermeisterin Münchens, geboren im Jahr 1961, wuchs in einer Arbeiterfamilie auf, ihre Eltern hatten die Hauptschule besucht. Als das Mädchen in der vierten Klasse der Grundschule stets die besten Noten schrieb, bat der Rektor die Eltern in die Sprechstunde: Ob sie ihre Tochter vielleicht auf ein Gymnasium schicken würden? Mutter und Vater waren verblüfft – das hatten sie nicht erwartet. Sie überlegten, ob sie sich das leisten konnten. Und weil Christine ein Einzelkind war, hielten sie den Besuch der »höheren Schule« finanziell für möglich. Die Eltern stimmten dem Vorschlag zu. Noch heute ist Christine Strobl dem Rektor dankbar. Ohne seine Unterstützung wäre ihr Leben anders verlaufen: Hauptschule, vielleicht noch Realschule, wahrscheinlich eine Lehre und schließlich irgendein Job mit mäßigen Perspektiven. So aber stand der jungen Frau eine neue Welt offen. Sie machte das Abitur und konnte studieren. Sie fand den Weg in die bildungsbürgerlich geprägte SPD der Großstadt München, wurde lokale Juso-Chefin, später Stadträtin. Im Jahr 2005 bezog sie ein großes Zimmer im Münchner Rathaus: das Büro des zweiten Bürgermeisters. Wenn Christine Strobl an ihrem Schreibtisch sitzt und darüber redet, wie die Chancen benachteiligter Kinder zu verbessern wären, hört man ihr die Herkunft an: Ihr bayerischer Dialekt klingt stets ein wenig rau; selbst wenn sie Hochdeutsch spricht, schimmert die robuste Sprache ihrer Eltern durch – ganz anders als beim perlenden Münchnerisch des deutschlandweit bekannten Oberbürgermeisters Christian Ude, der im Schwabinger Bürgertum groß wurde.

»Wenn wir Bildungsgerechtigkeit anstreben, müssen wir an unserem System einiges verbessern«, sagt Strobl. Sie hat sich ein großes Ziel gesetzt: Sie will das städtische Geld für frühkindliche Bildung besser verteilen. Sie will erreichen, dass bei Kindern, die mehr Unterstützung brauchen, auch mehr Unterstützung ankommt. Ein solches Prinzip ist dringend nötig, pflichtet ihr Hans Rudolf Leu vom Deutschen Jugendinstitut bei: »Der Staat muss seine Ressourcen ungleich verteilen, um die benachteiligten Kinder besser zu fördern«, sagt er. Doch was logisch klingt, setzt sich in der deutschen Praxis bisher nicht durch. Stets dominiert bei der Finanzierung der Kitas die Idee der Gleichheit: Kein Kindergarten soll schlechter gestellt sein als ein anderer.

Strobl plädiert deshalb für »positive Diskriminierung« – also genau für das, was sich in den US-Experimenten mit früher Bildung als wirksam herausgestellt hat. Damit gehört sie zu den Pionieren in Deutschland, die sich einiges vorgenommen haben.

Münchner Zauberformel

Wie könnte eine Stadt diesem Ziel der Bildungsgerechtigkeit näher kommen? Günter Krauß, Geschäftsführer des Instituts Iska, berät Strobl und die Münchner Stadtverwaltung seit einigen Jahren. Er hat eine neuartige Formel vorgeschlagen, die die Finanzierung aller Kitas revolutionieren soll. Die Formel sieht ziemlich mathematisch aus, hat aber einen einfachen Kern: Alle Kitas erhalten pro Kind zunächst den gleichen Betrag. Dann wird differenziert, es folgen Zuschläge je nach spezieller Situation.

Mehr Geld erhalten Kitas für Kinder unter drei Jahren sowie Kinder unter einem Jahr. Mehr Geld gibt es für behinderte Kinder. Mehr Geld bekommen Einrichtungen mit elternfreundlichen Ferienregelungen und innovativen Ideen. Und – jetzt folgt die wichtigste Passage – mehr Geld geht an Kitas in den schwierigen Stadtvierteln. Welche das sind, ist in einer Stadt mit funktionierender Sozialberichterstattung leicht festzustellen: Es sind die Stadtteile mit hoher Armut, hoher Arbeitslosigkeit, vielen Einwanderern aus ärmeren Ländern und vielen Problemfamilien, um die sich die Jugendämter kümmern müssen.

Diese Zauberformel ist der erste Versuch, in einer deutschen Kommune eine Art »positiver Diskriminierung« zu etablieren. Denn damit gelangt erstmals mehr Geld zu denen, die mehr Unterstützung nötig haben. Deren Kitas können dadurch vieles finanzieren, was Kindern helfen kann. Sie hätten mehr und besser ausgebildetes Personal, das zum Beispiel die Kinder von Einwanderern besser unterstützen kann. Sie könnten bei Bedarf zusätzliche Pädagogen anstellen, die mehrere Sprachen beherrschen oder mehr über die Förderung von lernbehinderten Kindern wissen.

Natürlich besteht diese von Günter Krauß vorgeschlagene Formel erst einmal aus Leerstellen. Wird die Zauberformel in der Realität angewandt, müssen diese Leerstellen gefüllt werden. Dann müssen Kommunalpolitiker entscheiden, welchen Zuschlag sie wie gestalten: Gibt es für eine Tagesstätte in der Region mit höchstem Armutsrisiko einen Aufschlag von fünf oder von fünfzig Prozent? Was zahlt man für ein behindertes Kind – den doppelten oder den fünffachen Satz? Diese Fragen zu beantworten ist nicht einfach. Doch wer meint, sie würden im bisherigen System nicht gestellt, der irrt: Wenn es in einer Kommune heute *keine* Aufschläge für behinderte Kinder oder für Standorte in schwierigen Stadtvierteln gibt, ist damit auch etwas entschieden: dass nämlich alle Kinder gleich behandelt werden, obwohl ihr Bedürfnis nach Unterstützung und Hilfe in Wirklichkeit unterschiedlich ist.

Letztlich schafft die Zauberformel also Transparenz. Sie nötigt Politiker, explizit Entscheidungen zu treffen, die bisher nur implizit getroffen wurden.

Das macht die Förderformel auch zu einem demokratisch sinnvollen Instrument. Sofort ist erkennbar, welches Gewicht die Politik welchem Faktor zumisst. »Bisher ist viel weniger klar, welche Kindertagesstätte warum wie viel Geld bekommt«, sagt Krauß. Denn das heutige System in München wie in anderen Kommunen ist historisch gewachsen, mit vielen Details, Privilegien und Merkwürdigkeiten. Da erhalten städtische Krippen deutlich mehr Geld als die Krippen freier Träger; da sind manche Elterninitiativen vergleichsweise gut gestellt, während Kindergärten von Arbeiterwohlfahrt oder Caritas schlecht dastehen. Die Förderformel kann alles klar regeln, ohne dabei alle gleich zu behandeln.

Dem Widerstand trotzen

Die »Münchner Förderformel« ist am 1. September 2011 in Kraft getreten. Die Vorgeschichte aber zeigt, wie schwierig so etwas zu installieren ist. Nach dem Grundsatzbeschluss des Stadtrats im Sommer 2008 wollte man »ein Jahr lang« mit den Betroffenen diskutieren. So hatte es Christine Strobl angekündigt. Die Bürgermeisterin wusste von Anfang an, dass diese Finanzrevolution nicht nur Begeisterung auslösen würde: Jede Institution fragt erst einmal, ob sie im neuen System schlechter gestellt ist als im alten. Und gleichzeitig bleibt der Zuspruch in den ärmeren Quartieren begrenzt, obwohl sie bevorzugt werden sollen. Denn dort interessieren sich die Eltern wenig für solche scheinbar abstrakten politischen Fragen. Ihnen fehlt manchmal die Zeit, und oft haben sie keine Erfahrung darin, ihre Interessen durchzusetzen. Diese Stadtteile, stellt der Soziologe Klaus Peter Strohmeier fest, sind »im politischen Prozess nur schwach vertreten. Das bedeutet ein zusätzliches Hindernis: Man wird so leicht übersehen, wenn organisierter Protest unwahrscheinlich ist«.

Die Kritik der Mittelschicht aber kann gewaltig werden: Wieso kriegt eine Kita im nördlichen Hasenbergl so viel mehr Geld als der Waldkindergarten der Akademiker-Eltern im vornehmen Stadtviertel am Südrand der Stadt?

Zwar gab es bisher noch keine Proteste vor dem Münchner Rathaus, doch zahlreiche Politiker, Verwaltungsbeamte und

Betroffene formulierten in internen Sitzungen schon Einwände. Manche wollen unbedingt die großzügige Finanzierung der städtischen Kinderkrippen schützen. Manche sorgen sich um das Schicksal der Eltern-Kind-Initiativen. Und wieder andere diskutieren bei jeder Gelegenheit, ob man nicht lieber Bio-Essen in den Kitas finanzieren sollte. Das eigentliche Thema – Bildungsgerechtigkeit – gerät da schnell in den Hintergrund.

Dummerweise erfasste dann noch die Finanzkrise die Stadt München. Zuvor, im Jahr 2008, hatte der Kämmerer noch signalisiert, einen ordentlichen Millionen-Betrag zusätzlich zu gewähren. Das sollte verhindern, dass viele Kitas durch das neue System schlechter gestellt würden. Doch weil ein städtischer Aufschlag von etlichen Millionen Euro in einer Wirtschaftskrise unrealistisch erschien, wurde das Projekt immer wieder vertagt. Auch der Verteilungskampf war plötzlich erkennbar schärfer: Die »Zauberformel« wurde von all jenen bekämpft oder gebremst, die Verschlechterungen befürchten. »Bildungsgerechtigkeit« gefällt eben nicht allen Bürgern gleich gut.

Doch im Januar 2011 setzte sich Christine Strobl durch. Der Stadtrat beschloss, dass ab September 2011 mehr Geld in schwache Quartiere fließt. Etwa fünfzig Millionen Euro jährlich sind vorgesehen – das fällt im Milliarden-Etat der Stadt München nicht besonders auf, ist aber für die Kitas viel Geld: »Etwa 25 Prozent der Münchner Kindertageseinrichtungen bekommen Extra-Geld, um soziale Benachteiligungen auszugleichen«, sagt die Bürgermeisterin zufrieden. Dabei geht es nicht um symbolische Kleinbeträge, sondern um große Summen, wie ein Beispiel zeigt: Ein Münchner Kindergarten mit fünfzig Kindern erhielt früher einen staatlichen Zuschuss von etwa 190.000 Euro, der vor allem für das Personal ausgegeben wird. Liegt diese Einrichtung aber in einem sozial schwierigen Quartier, zahlt die Stadt nun knapp 60.000 Euro zusätzlich. Eine enorme Summe, mit der sich zum Beispiel 1,3 Erzieherinnen-Stellen finanzieren lassen. Dass das die Möglichkeiten verbessert, sich um schwächere Kinder zu kümmern, kann man sich ausrechnen.

Der Stolz von Christine Strobl auf ihr Werk ist berechtigt: Die Münchner Zauberformel ist die beste Idee zur Unterstützung jener Kinder, die am meisten davon profitieren. Man erreicht die, die Hilfe nötig haben – und weil diese Hilfe so zielgenau ist, wird sie auch nicht besonders teuer.

So geht Bildungsgerechtigkeit.

Deutsche Absurditäten: der Gebühren-Irrsinn

Den Charme dieses Konzepts haben manche Bundesländer begriffen. Berlin etwa zahlt Kitas mit vielen Kindern aus Einwanderer-Familien mehr Geld; auch Bayern, Hamburg und Brandenburg nutzen diesen Mechanismus. Doch dort geht es noch um eher kleine Summen – viel können die Kindergärten damit nicht anfangen. Und in vielen Tausend Kommunen der Bundesrepublik sieht es momentan nicht danach aus, als hätten die lokalen Politiker begriffen, welche Chancen in diesem Prinzip stecken.

Im Alltag kommunaler Sozialpolitik dominiert oft grausame Plan- und Ahnungslosigkeit. Zum Beispiel bei den Gebühren für Kitas, einem weiteren wichtigen Steuerungshebel. Ein Landkreis, der ein Gebührensystem entwickelt, kann viel Gutes für seine Eltern tun – doch er kann auch grotesken Unsinn produzieren. Wie zum Beispiel der Rhein-Sieg-Kreis. Er hätte eine Auszeichnung für die absurdeste Gebührenstaffelung verdient. Denn dieser Landkreis schafft es, Kindergartengebühren in bisher unbekannter Dimension zu verlangen: 1.085 Euro monatlich.

Die Politiker dieses Landkreises nutzen die Freiheit, die ihnen die nordrhein-westfälische Landesregierung von CDU und

FDP im Sommer 2008 gewährte: Seitdem durften Kreisparlamente in NRW die Kita-Gebühren beinahe beliebig gestalten; das Land jedenfalls machte kaum noch Vorschriften. Also entwickelten Beamte und Politiker in der Kreisstadt Siegburg eine Gebührenstaffelung, die den Höchstbetrag in einer normalen kommunalen Kita mit 1.085,26 Euro angibt. Dies trifft Eltern, die zum Beispiel ein knapp zweijähriges Kind haben und einen Kita-Platz brauchen, der nicht nur von 9 bis 16 Uhr zur Verfügung steht. Und weil das nicht genügt, haben sich die Beamten noch etwas einfallen lassen: Falls ein Elternteil Beamter oder Beamtin ist, steigt die Gebühr noch mal um 10 Prozent. Ein Griff zum Taschenrechner zeigt, was als jährliche Höchstsumme möglich ist: 14.325 Euro. Und die Kosten des Kita-Mittagessens für Sohn oder Tochter kommen noch dazu ...

Zwar gilt das alles nur für Gutverdiener. Der Siegburger Rekordpreis ist erst bei einem Familien-Jahreseinkommen von mehr als 86.000 Euro brutto fällig. Doch wenn man abschätzt, wie groß der Anteil der Kita-Gebühren am Nettoeinkommen dieser Familien ist, landet man bei etwa einem Viertel! Das bedeutet: Jeder vierte Euro, der auf dem Konto einer solchen wohlhabenden Familie landet, muss für die Kita des Sohnes oder der Tochter ausgegeben werden. Und auch eine Stufe drunter, ab 73.000 Euro Jahreseinkommen, verlangt der Rhein-Sieg-Kreis noch 909 Euro pro Monat.

Christian Remelius, der im Spätsommer 2008 einen solchen Gebührenbescheid erhielt, war entsetzt:»Für einen ganz normalen, staatlich geförderten Kindergarten sollen wir im Jahr mehr als 10.000 Euro zahlen – eine unglaubliche Summe«, sagte er damals einem Journalisten. Ein paar Monate zuvor waren die Gebühren im Rhein-Sieg-Kreis nicht einmal halb so hoch gewesen. Kann man sich solche Kostenexplosionen bei anderen staatlichen Aufgaben vorstellen? Zum Beispiel im öffentlichen Nahverkehr: eine Verdoppelung der Ticketpreise auf einen Schlag? Oder vielleicht bei der Grundsteuer: der dreifache Hebesatz mit einer einzigen Satzungsänderung? Kaum. Manche Kommunalpolitiker haben noch immer nicht verstanden, dass die Bedürfnisse der Familien genauso zu respektieren sind wie der Wunsch nach einer ordentlichen Müllabfuhr.

Auch Cottbus sollte einen Negativ-Preis für seine Kita-Gebühren erhalten. Die brandenburgische Stadt erscheint in den Statistiken über Kinderarmut immer sehr weit oben. Seit Jahren lebt dort etwa jedes dritte Kind in einem Hartz-IV-Haushalt. Die Arbeitslosigkeit ist dramatisch, und wer in Cottbus einen Job hat, verdient häufig nur wenig. Dennoch verlangt die Stadtverwaltung von Geringverdienern viel Geld für die Kitas: Hat eine Familie ein Jahreseinkommen von 18.500 Euro brutto und zwei kleine Kinder (eines im Krippenalter, eines im Vorschulalter), sind jährlich etwa 1.300 Euro Kita-Gebühren fällig.

Betroffene Eltern erleben das als enorme finanzielle Belastung: Von einem ohnehin mageren Einkommen bleiben nach Abzug der Sozialabgaben monatlich ungefähr 1.300 Euro – doch davon gehen noch 108 Euro für die Kitas der Kinder weg. Das schmerzt. Obendrein haben die Beamten einen sozialpolitisch unerwünschten Nebeneffekt konstruiert: Wer in Cottbus arbeitslos ist und Hartz-IV-Leistungen erhält, muss für die Kita der Kinder gar nichts bezahlen. Aus Sicht einer arbeitslosen Mutter kann der Einstieg in die Arbeitswelt also teuer werden. Plötzlich muss sie vom neuen Gehalt auch erhebliche Kita-Gebühren bezahlen – diese unangenehme Perspektive senkt den Anreiz, Arbeit zu suchen.

Kommunen und Kreise, die solche Gebühren verlangen, müssen sich nicht wundern, dass Eltern darauf reagieren – und zwar so, wie es niemand wünschen kann: Die Gutverdiener in Siegburg werden sich nach privaten Alternativen umsehen. Und die Geringverdiener in Cottbus werden die Arbeitslosigkeit vorziehen. Letzteres kann sich mit der Überlegung treffen, dass doch die Mutter zu Hause bleiben könnte, um das kleine Kind zu betreuen. Auch dann müsste die Familie keine Kita-Gebühren mehr zahlen. In Westdeutschland, gerade in den Familien der Immigranten, entsteht diese Idee ganz schnell: Warum soll das Kind für viel Geld in die Kita gehen, wenn Mama die Betreuung auch zu Hause erledigen kann?

Dieses Muster erkennt man jedenfalls, wenn man den gesamtdeutschen Trend betrachtet:»Kinder aus armen Haushalten und mit Migrationshintergrund nutzen Kindertageseinrichtungen in einem geringen Ausmaß«, stellt die Bildungsökonomin Katharina Spieß in einer Studie für UNICEF fest. Dabei lasse sich nicht eindeutig klären, ob das an den hohen Kosten liegt, sagt Spieß – es könnte auch sein, dass Kinder aus wohlhabenden Familien leichter einen Platz in der Kita bekommen, weil ihre Eltern sich besser durchsetzen können oder weil solche Kinder von den Erzieherinnen der Kitas lieber angenommen werden.

Die eine wie die andere Erklärung sind jedoch schwer erträglich: Immer werden gerade jenen Kindern Chancen vorenthalten, die von einer Kita am meisten profitieren würden.

Wie sich Hürden beseitigen lassen

Seltsame Kindergarten-Gebühren gibt es nicht nur in Siegburg und Cottbus. Die Zeitschrift *Eltern* verglich im Jahr 2008 hundert deutsche Städte und entdeckte riesige Unterschiede. Manche Städte mit hoher Arbeitslosigkeit, vielen Einwanderern und einer großen Unterschicht verlangen viel Geld von den Eltern. Das liege manchmal»nicht am Geiz des Bürgermeisters, sondern an der Haushaltslage«, sagt Studienleiterin Raphaela Smarzcz. In Gelsenkirchen beispielsweise hätten die Kommunalpolitiker eine Gebührenerhöhung nicht gewollt – doch die Bezirksregierung habe sie befohlen. Das völlig verarmte Gelsenkirchen steht (wie viele andere Städte des Ruhrgebiets) unter finanzieller Zwangsverwaltung durch die Aufsichtsbehörde. Und die Aufseher drängen eben zu maximaler Sparsamkeit.

Widersprüchlich ist die Situation auch in den schwäbischen Nachbarstädten Pforzheim und Heilbronn. Das wirtschaftlich starke Heilbronn gibt viele Millionen aus, um Eltern kostenlose kommunale Kindergärten anzubieten. Das ärmere Pforzheim kann sich das nicht leisten, obwohl dort die weniger wohlhabenden, weniger gebildeten Eltern leben. Ähnlich im Speckgürtel Münchens, wo reiche Kommunen den Eltern Kinderbetreuung zum Nulltarif anbieten: Die Gemeinde Unterföhring tut dies; die wohlhabende Gemeinde Pullach überweist monatlich sogar bis zu 250 Euro an Eltern, die eine Tagesmutter beauftragen. Münchner Stadträte können von solcher Großzügigkeit nur träumen – ihr Kämmerer würde bei solchen Vorschlägen müde abwinken.

Alle Kommunalpolitiker, die für ihre Kitas Gebührensatzungen konzipieren und verabschieden müssen, sollten angesichts solcher Merkwürdigkeiten vorsichtig sein. Falls sie nicht sorgsam vorgehen, errichten sie Hürden für die Kinder, deren Bildung außerhalb der Familie besonders wichtig wäre: die Kinder vieler armer, eingewanderter oder ungebildeter Eltern. Um das zu vermeiden, sollte sich jeder Kommunalpolitiker (und auch jeder zuständige Beamte) ein paar Fragen stellen:

- Wie viel Geld verlangt man von Hartz-IV-Familien für einen Kita-Platz? Wer diesen Eltern einen Nulltarif gewährt, hat die Kostenhürde komplett beiseitegeräumt – das ist ein großer Vorteil, der freilich einen kleinen Nachteil hat: Was nichts kostet, ist aus der Sicht mancher Nutzer auch nichts wert. Trotzdem ist es besser, die Gebühren zu senken, als die Abschreckung zu erhöhen.
- Wie gestaltet man die Gebühren für Geringverdiener? Auf sie wirken hoch empfundene Preise doppelt abschreckend:

Betroffene Eltern zögern mit dem Kita-Besuch. Oder sie zögern mit der Jobsuche. Beides ist fatal. Das Modell Cottbus demonstriert, wie viel »zu viel« ist: Zehn Prozent des Netto-Jahreseinkommens von Geringverdienern ist nicht akzeptabel. Drei oder allerhöchstens noch fünf Prozent könnten es sein.

* Wie viel müssen Eltern mit mittleren und höheren Einkommen zahlen? Hier spricht viel für eine progressive Staffelung: Wer mehr verdient, soll mehr zahlen. Fraglich ist, wo der Maximalsatz liegt. Das Modell Siegburg demonstriert, was unerträglich ist: 25 Prozent des Netto-Familieneinkommens für einen Kita-Platz – das gleicht einer Beschlagnahmung des Familieneinkommens durch den Staat. Zehn Prozent dürften erträglich sein.

Wer entlang dieser Fragen die Gebührenordnung festlegt, wird auch Skepsis gegen die Nulltarife entwickeln, die derzeit in Mode kommen. Mehrere Bundesländer, unter ihnen ganz vorne das Saarland, haben Gratis-Modelle angekündigt und zum Teil schon umgesetzt. Sie gelten stets nur für Kinder, die im folgenden Jahr in die Schule kommen – und sie helfen vielen Eltern, die diese Subvention des Staates gar nicht dringend benötigen: den ökonomischen Trittbrettfahrern.

Denn auch ohne Nulltarif sind im Jahr vor der Einschulung durchschnittlich mehr als 95 Prozent der Kinder in einer Kita. Am Verhalten der Eltern wird dieses Geschenk deshalb wenig ändern – obwohl es für den Staat ziemlich teuer ist. Die vielen notwendigen Millionen könnten Kommunen und Länder besser ausgeben. Sie müssten mehr Personal in den oft dramatisch unterbesetzten Kitas anstellen. Sie sollten Erzieherinnen besser qualifizieren. Und sie könnten mehr Personal mit höheren Kompetenzen beschäftigen. Nulltarife liefern vielleicht die besseren Schlagzeilen, doch sind sie die schlechtere Politik.

Dormagener Lockrufe – ein Modell, das funktioniert

Die Beispiele aus den Kommunen machen deutlich: Wer Kitas in schwierigen Stadtvierteln finanziell besser ausstattet, lockt Eltern an – wie in München. Wer die Gebühren für Kinderbetreuung zu hoch ansetzt, schreckt Eltern ab – wie in Siegburg. Wenn Kommunalpolitiker beides berücksichtigen, bringen Eltern ihre Kinder früh in die Kita – und es kommen auch jene Kinder, die zu Hause nicht sowieso »gut genug« gefördert werden. Dennoch bleibt ungewiss, ob tatsächlich *alle* Kinder aus armen, benachteiligten Familien die Kitas besuchen. Denn manchmal müssen Eltern überzeugt werden, dass sich für ihr Kind ein Kindergarten lohnt.

Wie das funktioniert, lässt sich in Dormagen beobachten. Die Stadt in Nordrhein-Westfalen hat sich zum Ziel gesetzt, dass jedes Kind bei seinem dritten Geburtstag in einer Kita angemeldet ist. Um das zu erreichen, mussten die Behörden vieles verändern, sagt Uwe Sandvoss, der Leiter des »Netzwerks für Familien«. Kindergärten wurden ausgebaut, damit sie überhaupt ausreichend Betreuungsplätze bieten konnten. Gebühren wurden gesenkt. Und dann – das ist das Neue am Dormagener Modell – wird schon ganz früh versucht, alle Eltern anzusprechen.

Im »Netzwerk Frühe Förderung« bieten Fachleute vieles an, was Eltern von Neugeborenen interessiert. Dazu zählen offene Treffpunkte, bei denen man frühstücken, plaudern oder sich zum ebenfalls angebotenen Babyschwimmen verabreden kann. Dazu gehören auch Rückbildungskurse für Mütter nach der Geburt, Gesprächsrunden mit Pädagogen oder PEKiP-Kurse, in denen Eltern erfahren, wie sie das Bedürfnis der Babys nach Bewegung unterstützen können. Und Fachleute erläutern Massage- und Beruhigungstechniken für die Kleinsten. Das Wichtige daran: Fast alle diese Angebote, sagt Uwe Sandvoss, finden in den Kitas statt. »Die allermeisten jungen Eltern lernen unsere Tagesstätten dadurch schon ganz früh kennen.«

Der Kindergarten wandelt sich auf diese Weise zum Familienzentrum, das im Idealfall mit Hebammen und Kinderärzten zusammenarbeitet. In Dormagen entstanden solche Zentren zunächst vor allem in den schwierigeren Stadtvierteln – und bereits wenige Jahre nachdem das Netz geknüpft war, waren fast alle Dreijährigen in den Kindergärten angemeldet oder ohnehin schon in einer Kita-Gruppe. Die wenigen anderen Familien wurden direkt angesprochen: »Jemand von uns – zum Beispiel eine Kindergarten-Leiterin – ist zu den Eltern gegangen und hat ihnen persönlich einen Kita-Platz für das Kind angeboten.« Das habe fast immer funktioniert, sagt Sandvoss. In den letzten zwei Jahren waren diese Hausbesuche gar nicht mehr nötig: »Es hat sich herumgesprochen, was wir alles anbieten. Jetzt nutzen sämtliche Eltern von sich aus unser Angebot.« Sollte die Nachfrage wider Erwarten doch wieder zurückgehen, wird Sandvoss wieder bei den Eltern nachfragen lassen. »Momentan können wir uns diese Arbeit sparen«, sagt er.

Warum kommunaler Reichtum nicht nötig ist

Bleibt die Frage nach den Ressourcen: Wie kann eine Gemeinde das alles finanzieren? Darauf sind drei Antworten möglich. Die erste richtet sich an Bürgermeister und Kommunalparlamentarier. Sie lautet: Überlegt euch gut, welche Prämissen ihr setzt. Wollt ihr zum Beispiel mit vielen Millionen Euro lokale Wirtschaftsförderung betreiben, wie das die allermeisten von euch tun? Damit gebt ihr viel Geld für Unternehmen aus, die eure Subventionen im Vorbeigehen einstreichen, ohne dass sie ihr Geschäftsmodell dafür groß ändern müssen. Klassische ökonomische Trittbrettfahrer eben. Solche Ausgaben sollte vielleicht ein Kommunalpolitiker beschließen, der gerne mit

Unternehmern zusammensitzt und sich als deren Lobbyist begreifen mag. Aber er sollte wissen, dass man das gleiche Geld auch in jene investieren kann, die es nötiger haben: die Kinder aus den benachteiligten Vierteln und den schwierigen Familien. Deren Lobby ist leider viel kleiner als die der Unternehmen – hier gibt es für Kommunalpolitiker viel zu tun. (Wobei »kommunale Wirtschaftsförderung« hier als Chiffre zu verstehen ist: Jeder Lokalpolitiker, der den Haushalt seiner Kommune lesen und verstehen kann, kennt die Posten in der Finanzplanung, deren Reduktion niemandem wirklich wehtut – auch wenn der Zorn der Betroffenen im ersten Moment groß sein mag.)

Die zweite Antwort kann man den Chefs der kommunalen Sozialbehörden geben: Entscheidet bewusst, in welche Altersgruppe ihr das knappe Staatsgeld investiert. Die Experimente aus den USA, die in den vorigen Kapiteln beschrieben wurden, deuten alle darauf hin, dass der Nutzen für eine Gesellschaft umso größer ist, je jünger die geförderten Menschen sind. Wer dafür einen wissenschaftlichen Beleg braucht, kann sich bei den Grafiken des Wirtschafts-Nobelpreisträgers James Heckman bedienen. Dessen Kernaussage ist: Ein Euro staatlicher Bildungsinvestitionen kann ganz unterschiedliche Renditen haben. Sie liegen bei kleinen Kindern viel höher als bei Jugendlichen.

Das kann man, wie James Heckman es in seinen Vorträgen tut, natürlich zuspitzen. »Schließt eure Freizeitheime und steckt das gesparte Geld in Kitas für die Benachteiligten«, könnte eine radikale Folgerung aus diesen Forschungsergebnissen sein. Ökonomisch mag das plausibel sein – es hat nur den Nachteil, dass damit Schwache gegen Schwache ausgespielt werden. Aber vielleicht lässt sich ja eine sanftere Version dieser rabiaten Forderung formulieren: »Bevor ihr ein neues Freizeitheim schafft, prüft bitte drei- bis fünfmal, ob die

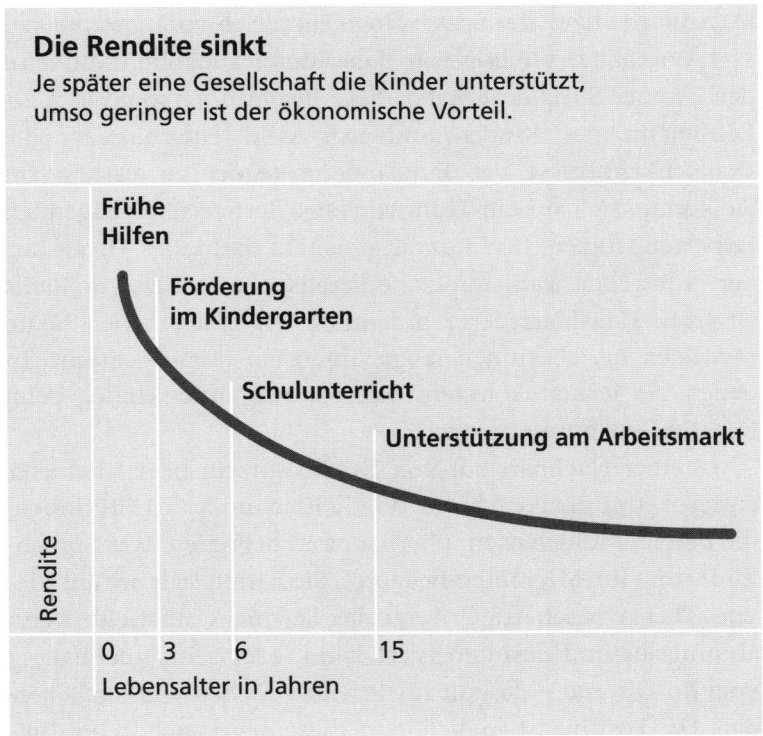

Die Rendite sinkt
Je später eine Gesellschaft die Kinder unterstützt,
umso geringer ist der ökonomische Vorteil.

Frühe
Hilfen

Förderung
im Kindergarten

Schulunterricht

Unterstützung am Arbeitsmarkt

Rendite

0   3   6   15
Lebensalter in Jahren

Heckman (2008)

Kinderkrippe im Problemviertel nicht dringender mehr hoch
qualifiziertes Personal benötigt.« Ein Kommunalpolitiker, der
darüber nachdenkt, hat schon viel gelernt.

Eine dritte Antwort kann man Bürgern (und Wählern) geben: Lasst euch nicht einreden, eure Kommune sei zu arm für
Investitionen in frühkindliche Bildung. Denn kommunaler
Reichtum ist keine Voraussetzung für gute, gezielte Frühpädagogik. Die Stadt Essen ist seit Jahrzehnten pleite und steht
unter Zwangsverwaltung der Bezirksregierung. Trotzdem hat
die Stadt viel dafür getan, Kinder aus Migrantenfamilien in
Kitas zu holen und dort ihre Sprachentwicklung zu fördern,
wie die Politikwissenschaftlerin Almuth Wietholtz feststellt:

»Das wurde trotz der Sparzwänge energisch vorangetrieben«, sagt Wietholtz. Wichtig war dabei unter anderem die Chefin des Essener Sozialdezernats: Diese Beamtin verstand sich als Lobbyistin der Kinder und war wild entschlossen, die Deutschkenntnisse der Einwanderer-Kinder zu verbessern. Sie konnte sich auf ein Team von engagierten, überzeugenden Experten stützen. Und sie war geschickt darin, das Thema aus der politischen Nahkampfzone herauszuhalten. Das Ergebnis ist trotz Haushaltssperre ordentlich: In Essen haben heute sämtliche Erzieherinnen lange, intensive Kurse gemacht, in denen sie lernen konnten, wie sie Migrantenkinder beim Deutschlernen unterstützen.

In einer Nachbarstadt von Essen, nur ein paar Kilometer entfernt, traf die Forscherin Wietholtz dann Kita-Leiterinnen, die bereits Mühe hatten, überhaupt zu begreifen, was Sprachförderung für Migranten bedeutet. Sie hatten sich nie mit diesem Thema beschäftigt. Auch das lag nicht am Geld. Denn ahnungslos und desinteressiert kann jeder sein, unabhängig vom Kontostand – das gilt für Privatmenschen wie für Behörden. Das Positive ist freilich, dass diese Regel auch in der Umkehrform gilt: Interessiert und kompetent kann man auch mit wenig Geld sein. Und das macht Hoffnung für die Kinder.

15 Die Aufsteigerrepublik

Chancen für die Schwächsten – zum Nutzen aller

Die Kinder aus den schwierigsten Familien brauchen die beste Unterstützung – das ist die wichtigste Maxime für die Sozialpolitik der nächsten Jahre. Man kann es auch anschaulich formulieren: Die Politik muss dafür sorgen, dass in jedem Armutsquartier so schnell wie möglich ein exzellenter Kindergarten eröffnet wird. Denn die Dreijährigen in diesen Vierteln brauchen Hilfe dringender als alle anderen. Und sie profitieren davon mehr als alle anderen.

Gelingt das, werden sich Erfolge einstellen, die sich bei den US-amerikanischen Experimenten seit den Sechzigerjahren immer wieder gezeigt haben: Wer als Dreijähriger in einem solchen Kindergarten war, lernt später in der Schule mehr, findet danach einen besser bezahlten Job, zahlt mehr Steuern und wird seltener kriminell.

Wer exzellente Kindergärten wie die Perry Preschool schafft, macht sich verdient um die ganze Gesellschaft. Es dient dem sozialen Frieden, wenn der dreijährige Kevin aus München-Neuaubing mehr Chancen auf eine Karriere hat, die ihn nicht ins Gefängnis führt. Es dient dem Budget des Staates, wenn der gleiche Kevin im Alter von 17 Jahren fähig ist, eine normale Stelle anzunehmen, statt in wirkungslosen Trainings von der Arbeitsagentur auf sein Leben als Dauerarbeitsloser »vorbereitet« zu werden. Es dient der wirtschaftlichen Prosperität, dass Kevin für anspruchsvolle Jobs zur Verfügung steht, wenn in ein paar Jahren wegen der demografischen Lücke viele Fachkräfte fehlen. Und es dient der politischen Stabilität der Republik, wenn sich Kevins Wohnviertel Neuaubing (das natürlich auch anders heißen könnte, Berlin-Wedding etwa oder Nürnberg-Südstadt) nicht zu einer Banlieue nach Pariser Vorbild entwickelt, wo frustrierte Jugendliche gelegentlich die Autos der vermeintlich Wohlhabenden abfackeln.

Die Erfolge einer Perry Preschool sind an zwei Bedingungen geknüpft. Erstens muss eine solche Kita *gezielt* die Schwächsten der Gesellschaft erreichen. Nur bei ihnen macht es einen Unterschied, ob sie im Kindergarten besonders gefördert werden oder nicht. Die allermeisten anderen Kinder bekommen das, was für einen guten Start ins Leben nötig ist, ohnehin zu Hause mit. Ihre Eltern sind »gut genug« im Sinn von Donald Winnicott: Sie machen ihre Sache vielleicht nicht perfekt, aber doch so gut, dass dem Nachwuchs nichts Entscheidendes fehlt. Bei Familien in Armutsquartieren ist das viel weniger wahrscheinlich.

Zweitens müssen diese Kinder *rechtzeitig* unterstützt werden. Denn die wichtigsten Lernprozesse beginnen sehr früh, wie Psychologen und Hirnforscher zeigen. Jede Bildungskarriere startet lange vor dem ersten Schultag. Deshalb sind frühe Hilfen so viel wirksamer als späte: Wer sich erst um die Zehn- oder Achtzehnjährigen kümmert, hat den richtigen Zeitpunkt lange verpasst. Außerdem weisen amerikanische Ökonomen mit Recht darauf hin, dass diese Strategie lohnender ist als alle anderen: Jeder Euro, der in die frühe Bildung der Benachteiligten investiert wird, ist eine perfekte Geldanlage im Sinne der Gesellschaft und des Einzelnen. Der Staat profitiert, weil seine Bürger mehr erwirtschaften und weniger Kosten verursachen. Und der Einzelne hat Chancen auf ein besseres Leben.

Natürlich macht eine Perry Preschool aus schwierigen Jungs oder Mädchen keine Heiligen, die sozial engagiert sind wie Mutter Theresa oder vielleicht das intellektuelle Niveau von Stephen Hawking erreichen. Die Kids aus der Perry Preschool in Ypsilanti bekamen »nur« das Rüstzeug, sich als Erwachsene besser in die Lebens- und Arbeitswelt einzufügen und wurden – auch deshalb – weniger kriminell. Die arme amerikanische Kleinstadt mutierte nicht zum Paradies, in dem sich alle sozialen Spannungen aufgelöst hätten. Aber sie wurde ein gutes Stück lebenswerter.

Das ist kein Wunder in dem Sinn, dass aus dem einen Extrem plötzlich das andere geworden wäre. Dennoch kann man die Perry Preschool als wundervoll bezeichnen. Sie half kleinen, hilflosen Menschen, einen besseren Weg in die Gesellschaft zu finden – was langfristig wiederum der Gesellschaft nützte. Wunderbar daran ist auch, dass man den Erfolg nicht glauben würde, wäre er nicht durch das Experiment von Ypsilanti (und viele andere) so gut belegt und bewiesen.

Wenn sich die Politik entscheidet, in jedem Armutsquartier so schnell wie möglich eine Perry Preschool aufzubauen, wird das nicht einmal besonders teuer. Denn es unterbleibt der typische Fehler der deutschen Sozialpolitik: Die große Gießkanne des Sozialstaats, die gleichmäßig ganz viel Geld an alle verteilt, bleibt unbenutzt; stattdessen bietet der Staat dort Hilfe an, wo sie den maximalen Nutzen hat.

Das größte Hindernis für eine solche Politik in Deutschland sind die wohlhabenden Eltern der Mittel- und Oberschicht. Nicht, weil sie keine Ahnung hätten von früher Bildung, im Gegenteil. Viele von ihnen engagieren sich bis an die Grenzen ihrer Möglichkeiten für die eigenen Kinder. Sie kaufen pädagogisch wertvolles Spielzeug für die Babys, sie lesen den Zweijährigen täglich Kinderbücher vor. Sie sorgen dafür, dass ihre Söhne und Töchter gute Krippen und Kindergärten besuchen.

Sie investieren viel Zeit in die Auswahl der bestmöglichen Schulen, und viele geben große Summen für teure Privatgymnasien oder Nachhilfestunden aus. Doch vielen dieser Eltern fehlt – gerade wegen ihres Bestrebens, bei den eigenen Kindern alles perfekt zu machen – etwas, das man soziale Wachsamkeit nennen kann. Ängstlich versuchen sie, ihren Wohlstand an die Nachkommen weiterzugeben. Doch sie übersehen, dass ihre Kinder es nur dann besser haben werden, wenn der soziale Zusammenhalt in diesem Land nicht weiter erodiert.

Genau das geschieht derzeit, weil sich die Schere zwischen Arm und Reich immer weiter öffnet. Es wächst der Wohlstand des oberen Teils der Gesellschaft, doch die Lage in den armen Städten, den armen Quartieren, den armen Familien wird immer prekärer. Das ist sozialer Sprengstoff, um dessen Entschärfung sich die Wohlhabenden – auch im eigenen Interesse und dem ihrer Kinder – bemühen sollten. Die Not der Ärmsten wird sonst schnell zu einem Problem der Reichen.

Dieser Tendenz müssen wir entgegentreten. Unser Ziel muss sein, dass aus einer Klassengesellschaft eine »Aufsteigerrepublik« wird, wie der CDU-Politiker Armin Laschet sagt: ein Land, in dem jeder die Hoffnung auf Aufstieg haben kann. Wenn auch Kevin aus Neuaubing erlebt, dass es sich lohnt, zu lernen, wird er dem Leben und seinen Herausforderungen anders begegnen als bisher. Soziale Ungleichheit wird deshalb nicht verschwinden – aber sie wird erträglicher, wenn Veränderungen möglich sind. Dieses Buch hat gezeigt, wo der effizienteste, schnellste, preiswerteste Weg in eine »Aufsteigerrepublik« beginnt: in den Kitas.

Wenn unser Land gezielt die Jüngsten in den schwächsten Stadtvierteln unterstützt, bekommen die Kinder eine Chance, die heute keine haben. Dann schaffen wir das, was der Republik so bitter fehlt: Bildungsgerechtigkeit. Wenn unser Land daran scheitert, wird die neue Klassengesellschaft zementiert. Dann verschleudern wir unseren Wohlstand.

Wir haben die Wahl.

Danke

Hildegard Berth, Gustav Berth, Viktor Berth, Daniel Braun, Petra Dorn, Cornelius Esau, Markus Grabka, Catherina Hess, Xaver Ilg, Günter Krauß, Sabina Pauen, Heribert Prantl, Petra Riedel, Michaela Röll, Rolf Rosenbrock, Martin Schloßbauer, Jürgen Schupp, Wolfgang Schmidbauer, Ute Ziegenhain. Und dem Wissenschaftszentrum Berlin für einen wunderbaren Frühsommer 2010.

Literatur

Dieses Buch will die Ergebnisse verschiedener Wissenschaften zugänglich machen. An vielen Stellen stützt es sich auf Forschung, die bisher außerhalb der akademischen Welt nur wenig zur Kenntnis genommen wurde. Zweck dieses Literaturverzeichnisses ist daher nicht, jedes einzelne Zitat kenntlich zu machen. Dass zum Beispiel Franz Müntefering im Oktober 2006 davon sprach, es gebe in Deutschland »keine Schichten«, wird hier nicht detailliert belegt. Wer das wissen will, findet es über eine Presse-Datenbank oder mithilfe von Google. Das ist bei der wissenschaftlichen Literatur anders: Viele der Aufsätze sind in US-amerikanischen Fachblättern erschienen; sie aufzuspüren, dürfte interessierten Laien wesentlich schwerer fallen. Solche Aufsätze sind hier aufgelistet.

Kapitel 1: Der umgebaute Fahrstuhl

Das Marshmallow-Experiment ist in einem populärwissenschaftlichen Aufsatz im *New Yorker* schön nacherzählt: Jonah Lehrer: Don't! *New Yorker*, 18. Mai 2009.

Mischel und sein Team haben natürlich vieles darüber veröffentlicht. Einen guten Überblick bietet ein längerer Aufsatz:

Mischel, Walter; Shoda, Yuicki; Peake, Philip K.: The Nature of Adolescent Competencies Predicted by Preschool Delay of Gratification. *Journal of Personality and Social Psychology, 54* / 1988, Nr. 4, S. 687–696. Knapper, dafür von hohem wissenschaftlichem Renommee ist die Veröffentlichung im Magazin *Science*: Mischel, Walter; Shoda, Yuichi; Rodriguez, Monica L.: Delay of Gratification in Children. *Science, 244* / 1989, S. 933–938.

Kapitel 2: Das Wunder von Ypsilanti
Kapitel 8: Der 150.000-Dollar-Unterschied

Die Ergebnisse der Perry Preschool Study wurden in Deutschland bisher kaum rezipiert. Entsprechend wenige deutschsprachige Veröffentlichungen gibt es dazu. Wer Details wissen will, muss zu US-amerikanischen Veröffentlichungen greifen. Sehr anschaulich ist eines der ersten Bücher des Gründers David Weikart: Preschool Intervention – A Preliminary Report of the Perry Preschool Projekt, erschienen 1967 beim Verlag Campus Publishers, Ann Arbor. Diesen Band kann man sogar mit dem Blick eines Historikers lesen: Weikart konzentrierte sich in den ersten Tests der (damals noch recht kleinen) Kinder vor allem auf die Messung des Intelligenzquotienten. Dass sich später zeigen würde, dass der IQ längst nicht die wichtigste Größe ist, konnte Weikart noch nicht ahnen – die entsprechenden Befunde stammen erst aus späteren Jahren.

Was aus den Perry-Schülern im Lauf der nächsten vier Jahrzehnte wurde, erfährt man am besten in einem Aufsatz aus dem Jahr 2006: The HighScope Perry Preschool Program. Cost-Benefit Analysis Using Data from the Age-40 Followup. Autoren sind Clive R. Belfield, Milagros Nores, Steve Barnett und der heutige Perry-Preschool-Chef Lawrence Schweinhart. *The Journal of Human Resources, 41* / 2006, S. 162–190.

Eine knappe Darstellung von James Heckmans Thesen findet sich in einem Paper, das das ifo-Institut herausgegeben hat: Early Childhood Education and Care – The Case for Investing in Disadvantaged Young Children. *CESifo Dice Report* 2/2008. Ein ins Deutsche übersetztes Interview mit James Heckman von Felix Berth steht in der *Süddeutschen Zeitung* vom 29. März 2008.

James Heckman selbst hat kürzlich noch einmal nachgerechnet. Er hatte vor einigen Jahren noch eine Rendite der Perry Preschool von deutlich über zehn Prozent errechnet; nach statistischen Optimierungen ist sich Heckman nun sicher, dass es sieben bis zehn Prozent Rendite sind: Heckman, James; Hyeok Moon, Seong; Pinto, Rodrigo; Savelyev, Peter; Yavitz, Adam: The Rate of Return to the HighScope Perry Preschool Program. *Journal of Public Economics, 94*/2010, S. 114–128.

Einen Überblick über alle amerikanischen Experimente bietet ein Aufsatz von Janet Currie: Early Childhood Education Programs. *Journal of Economic Perspectives, 15*/2001, S. 213–238.

Eine gute Bilanz des Abecedarian-Projekts bietet ein Aufsatz von Frances A. Campbell, Craig T. Ramey und anderen in der Zeitschrift *Applied Developmental Science, 6*/2002, S. 42–57.

Weitere Literatur zu Kapitel 2 und 8:

Barnett, W. Steven: Benefit-Cost Analysis of the Perry Preschool Program and Its Policy Implications. *Educational Evaluation and Policy Analysis, 7*/1985, S. 333–342.

Beckett, Celia; Maughan, Barbara; Rutter, Michael et al.: Do the Effects of Early Severe Deprivation on Cognition Persist Into Early Adolescence? Findings From the English and Romanian Adoptees Study. *Child Development, 77*/2006, S. 696–711.

Campbell, Frances; Pungello, Elisabeth; Miller-Johnson, Shari; Burchinal, Margaret; Ramey, Craig: The Development of Cognitive and Academic Abilities: Growth Curves from an Early Childhood Educational Experiment. *Developmental Psychology, 37*/2001, S. 231–242.

Diekmann, Laura; Plünnecke, Axel; Seyda, Susanne: Sozialbilanz Familie. *Eine ökonomische Analyse mit Schlussfolgerungen für die Familienpolitik.* Gutachten für das Bundesfamilienministerium. Köln 2008.

D'Onise, Katina; Lynch, John W.; Sawyer, Michael G.; McDermott, Robyn A.: Can Preschool Improve Child Health Outcomes? A Systematic Review. *Social Science & Medicine, 70*/2010, S. 1423–1440.

Esping-Andersen, Gøsta: Childhood Investments and Skill Formation. *International Tax and Public Finance, 15*/2008, S. 19–44.

Heckman, James: Policies to Foster Human Capital. *Research in Economics, 54*/2000, S. 3–56.

Heckman, James: Schools, Skills, and Synapses. *Economic Inquiry, 46*/2008, S. 289–324.

Heckman, James: *Die Dynamik von Bildungsinvestitionen im Lebensverlauf. Warum Sparen in der Bildung teuer ist.* Bertelsmann-Kongress »Kinder früher fördern«, 13.8.2008. www.bertelsmann-stiftung.de/bst/de/media/xcms_bst_dms_24046_24047_2.pdf (abgerufen am 26.5.2010).

Heckman, James; Hyeok Moon, Seong; Pinto, Rodrigo; Savelyev, Peter; Yavitz, Adam: Analyzing Social Experiments as Implemented: A Reexamination of the Evidence from the HighScope Perry Preschool Program. *Quantitative Economics, 1*/2010, S. 1–46.

McLaughlin, Andrea El; Campbell, Frances A.; Pungello, Elizabeth P.; Skinner, Martie: Depressive Symptoms in Young Adults: The Influences of the Early Home Environment and Early Educational Child Care. *Child Development, 78*/1997, S. 746–756.

Schilling, Matthias: Berechnung der Platzkosten als finanzielle Grundlage für den quantitativen und qualitativen Ausbau. In: Diller, Angelika; Leu, Hans Rudolf; Rauschenbach, Thomas: *Kitas und Kosten. Die Finanzierung von Kindertageseinrichtungen auf dem Prüfstand.* München 2004. S. 31–54.

Kapitel 3: Ein geteiltes Land
Kapitel 4: Karriere ins Abseits

Wir wissen in Deutschland inzwischen viel mehr über Armut als noch vor ein paar Jahren. Einen wichtigen Anstoß gab der erste Armuts-und-Reichtumsbericht, den die rot-grüne Bundesregierung im Jahr 2000 erstellen ließ. Er fußt – wie auch der Familienbericht der Bundesregierung, der Altenbericht oder der Kinder- und Jugendbericht – auf zahlreichen Gutachten, die verschiedene Wissenschaftler für die Regierung erstellten. Indem die Bundesregierung auf diese Weise »Armut« thematisierte, gab sie einen wichtigen Impuls für die Forschung.

Der jüngste Bericht stammt aus dem Jahr 2008 und ist als Lektüre gar nicht so schlecht. Er ist zwar ein wenig geschönt.

Gerade die ersten dreißig zusammenfassenden Seiten sind als Prosa aus dem Büro des damaligen Arbeitsministers Olaf Scholz zu verstehen, gemäß dem Motto: Wir haben zwar ein paar Probleme, aber wir haben auch ganz viele Erfolge. Doch die folgenden Seiten des Armutsberichts und – noch besser – einige der zugrunde liegenden Gutachten beschreiben die Trends sehr genau. Die Einkommensentwicklung zum Beispiel analysierte Markus Grabka vom DIW gemeinsam mit Kollegen anderer Institute: Grabka, Markus; Westerheide, Peter; Hauser, Richard; Becker, Irene: Integrierte Analyse der Einkommens- und Vermögensverteilung. Studie im Auftrag des BMAS, Dezember 2007. (www.bmas.de/portal/27418/property=pdf/a369__forschungsprojekt.pdf, abgerufen am 4.10.2010).

Die besten aktuellen Darstellungen zum Thema Armut nutzen als Datenbasis das »Sozio-oekonomische Panel«, kurz Soep. Diese Befragung von mehr als 10.000 Haushalten läuft seit bald dreißig Jahren. Die Daten ermöglichen wohl die derzeit besten Einkommensanalysen für die Bundesrepublik. Das Deutsche Institut für Wirtschaftsforschung (DIW) analysiert die Trends regelmäßig in seinen Wochenberichten. Zum Beispiel: Grabka, Markus; Frick, Joachim: Weiterhin hohes Armutsrisiko in Deutschland. Kinder und junge Erwachsene sind besonders betroffen. DIW-Wochenbericht, 17.2.2010, S. 2–11.

Im Jahr 2008 waren demnach 14,9 Prozent der Kinder und Jugendlichen armutsgefährdet. Das bedeutet: Jedes sechste Kind in Deutschland lebt in einer Familie, die weniger als sechzig Prozent des mittleren deutschen Einkommens zur Verfügung hat. Das IAB rechnet ein wenig anders; nach einer aktuellen Analyse von Torsten Lietzmann, Silke Tophoven und Claudia Wenzig sind sogar 23 Prozent aller Kinder arm und/oder Empfänger von Hartz-IV-Leistungen. Eine mathematisch exakte Quote der Armut lässt sich also nicht angeben – man liegt wohl nicht falsch, wenn man annimmt, dass etwa jedes fünfte Kind von Armut bedroht ist. Der »Kinder- und Jugend-Gesundheitssurvey« (Kiggs) wurde von vielen Wissenschaftlern ausgewertet. Einen guten Eindruck über die Ergebnisse zur Ungleichheit vermittelt ein Aufsatz eines Mitarbeiters des Robert-Koch-Instituts: Lampert, Thomas: Gesundheitliche Ungleichheit bei Kindern und Jugendlichen: Ergebnisse des Kinder- und Jugendgesundheitssurveys. In: Tiesmeyer, Karin et al. (Hrsg.): *Der blinde Fleck − Ungleichheiten in der Gesundheitsversorgung.* Bern 2007, S. 109−125.

Mit Blick auf die (ungleiche) Lage in den Städten ist eine Publikation der Robert-Bosch-Stiftung lesenswert: Biedenkopf, Kurt; Bertram, Hans; Niejahr, Elisabeth: Starke Familie − Solidarität, Subsidiarität und kleine Lebenskreise. Stuttgart 2009. Darin finden sich ein brillanter Aufsatz des Ruhrgebiets-Soziologen Klaus Peter Strohmeier sowie ein lesenswertes Interview, das die Journalistin Elisabeth Niejahr mit Heinz Buschkowsky geführt hat.

Einen guten Überblick über die Entwicklung sozialer Ungleichheit und ihrer Wahrnehmung in der soziologischen Debatte gibt ein Aufsatz von Jürgen Schupp: Aspekte sozialer Ungleichheit in Deutschland. *Zeitschrift für Wirtschaftspolitik, 1/*2010, S. 6−22.

Weitere Literatur zu Kapitel 3 und 4:

Autorengruppe Bildungsberichterstattung: Bildung in Deutschland 2010. Ein indikatorengestützter Bericht mit einer Analyse zu Perspektiven des Bildungswesens im demografischen Wandel. Berlin 2010.

Bergmann, Karl E. et al.: Perinatale Einflussfaktoren auf die spätere Gesundheit. *Bundesgesundheitsblatt, 50/*2007, S. 672−676.

Bonin, Holger; Schneider, Marc; Quinke, Hermann; Arens, Tobias: Zukunft von Bildung und Arbeit. Perspektiven von Arbeitskräftebedarf und -angebot bis 2020. *IZA Research Report, Nr. 9,* Bonn 2007.

Dragano, Nico; Lampert, Thomas; Siegrist, Johannes: Wie baut sich soziale und gesundheitliche Ungleichheit im Lebenslauf auf? Materialien zum Dreizehnten Kinder- und Jugendbericht. München 2009. (www.dji.de/bibs/Expertenband_Kap_1_1_Drag_AK_LK_P.pdf, abgerufen am 4.10.2010)

Esping-Andersen, Gøsta: Childhood Investments and Skill Formation. *International Tax and Public Finance 15*/2008, S. 19–44.

Esping-Andersen, Gøsta: Herkunft und Lebenschancen. Warum wir eine neue Politik gegen soziale Vererbung brauchen. *Berliner Republik, 6*/2003.

Götz, Maya; Bachmann, Sabrina; Hofmann, Ole: Fernsehen von -0,5 bis 5. Eine Zusammenfassung des Forschungsstandes. *TelevIZIon, 20*/2007/1, S. 12–17

Hüsken, Katrin; Seitz, Katharina; Tautorat, Petra; Walter, Michael; Wolf, Karin: *Kinderbetreuung in der Familie.* Abschlussbericht eines Forschungsauftrags des BMFSFJ. München 2008.

Hurrelmann, Klaus; Andresen, Sabine: *Kinder in Deutschland 2010.* Zweite World Vision Kinderstudie. Frankfurt/Main 2010.

Kube, Julia: *Vornamensforschung*: Fragebogenuntersuchung bei Lehrerinnen und Lehrern, ob Vorurteile bezüglich spezifischer Vornamen von Grundschülern und davon abgeleitete erwartete spezifische Persönlichkeitsmerkmale vorliegen. Masterarbeit, Universität Oldenburg. Oldenburg 2009.

Lampert, Thomas; Mielck, Andreas: Gesundheit und soziale Ungleichheit. Eine Herausforderung für Forschung und Politik. *G + G Wissenschaft,* Jg. 8, Heft 2/2008, S. 7–16.

Laucht, Manfred: *Warum Erziehung manchmal nicht klappt. Risikofaktoren für Kinder und Familien.* Ergebnisse der Mannheimer Hochrisikostudie. Präsentation auf der Fachtagung »Jugendhilfe: update«, Düsseldorf, Oktober 2008. (www.educon. de/contentbuilder/uploads/files/1/Vortrag_Laucht.pdf, abgerufen am 5.10.2010).

Lietzmann, Torsten; Tophoven, Silke; Wenzig, Claudia: *Bedürftige Kinder und ihre Lebensumstände.* IAB-Kurzbericht 6/2011.

Lutz, Burkart: *Fachkräftemangel in Ostdeutschland. Konsequenzen für Beschäftigung und Interessenvertretung.* Frankfurt/Main 2010.

OECD: *Growing Unequal?* Paris 2009. Deutsche Version: Mehr Ungleichheit trotz Wachstum? Einkommensverteilung und Armut in OECD-Ländern. Paris 2009 (www.oecd-ilibrary.org/social-issues-migration-health/mehr-ungleichheit-trotz-wachstum_9789264049147-de;jsessionid=loobstrmn4rt.delta, abgerufen am 4.10.2010).

Papousek, Mechthild; Schieche, Michael; Wurmser, Harald (Hrsg): *Regulationsstörungen der frühen Kindheit. Frühe Risiken und Hilfen im Entwicklungskontext der Eltern-Kind-Beziehungen.* Bern 2004.

Quenzel, Gudrun; Hurrelmann, Klaus (Hrsg.): *Bildungsverlierer.* Wiesbaden 2010.

Rosenbrock, Rolf: *Geerbte Schwäche. Wenig Geld, wenig Gesundheit.* Vortrag am 9.12.2008 auf der Tagung »Kinder in eine gesunde Zukunft« (www.wzb. eu/bal/ph/pdf/vortraege/08.11_geerbte_schwäche_bmg_rki_bzga.2-2.pdf, abgerufen am 4.10.2010).

Solga, Heike: *Der Blick nach vorn: Herausforderungen an das deutsche Ausbildungssystem.* WZB discussion paper 2009-507. Berlin 2009.

Spieß, C. Katharina; Berger, Eva M.; Groh-Samberg, Olaf: *Die öffentlich geförderte Bildungs- und Betreuungsinfrastruktur in Deutschland: Eine ökonomische Analyse regionaler und nutzergruppenspezifischer Unterschiede.* Unicef Innocenti Working Paper. Florenz 2008.

Stiftung Lesen (Hrsg.): *Vorlesen im Kinderalltag 2008.* Repräsentative Befragung von Kindern im Vor- und Grundschulalter. Mainz 2008.

Kapitel 5: Adenauers Gießkanne

Das Urteil des Bundesverfassungsgerichts über die Kinderfrei-beträge im Jahr 1999 wird unter Wissenschaftlern kontrovers diskutiert. Eine Gegenüberstellung der Argumente findet sich zum Beispiel bei einem Ökonomen der Universität Regensburg: Wolfgang Buchholz: Familienlastenausgleich – politische Kon-zepte und Verteilungswirkungen. Vortrag am 23.11.2000 (www.wiwi.uni-regensburg.de/buchholz/forschung/buch-holz/Familienlastenausgleich.pdf, abgerufen am 5.10.2010). In den letzten Jahren hat sich bei zahlreichen Politikern eine skeptische Haltung gegenüber dem Karlsruher Urteil he-rausgebildet. Allerdings hört man dies als Journalist nur, wenn man »unter 3« mit Politikern redet – das bedeutet, aus dem Hintergrundgespräch darf nicht zitiert werden. Deshalb können hier auch keine Belege für diese Position stehen. So lange, bis der erste renommierte Skeptiker sich laut und deut-lich öffentlich äußert.

Weitere Literatur zu Kapitel 5:

Bertram, Hans: UNICEF-*Bericht zur Lage der Kinder in Industrieländern 2010* – *Deutschland*. Köln 2010.
Bundesverfassungsgericht: Entscheidung vom 19.1.1999 (2 BvR 1057/91).
Bundesverfassungsgericht: Entscheidung vom 19.1.1999 (2 BvL 42/93).
OECD: *Babies and Bosses. Reconciling Work and Family Life. A Synthesis of Findings for* OECD *Countries*. Paris 2007.
OECD: *Doing Better for Children* (www.oecd.org/de/kinderbericht, abgerufen am 5.10.2010).
OECD: *Family Database* (www.oecd.org/els/social/family/database, abgerufen am 5.10.2010).

Kapitel 6: Der Sozialstaat vergisst seine Kinder

Die wohl beste vergleichende Sozialstaatsforschung macht Gøsta Esping-Andersen, ein Soziologe, der in Dänemark aufwuchs und an der Universität Pompeu Fabra in Barcelona lehrt. Er schreibt klug, pointiert und schafft es immer wieder, selbst langweiligen Daten interessante Aspekte abzugewinnen. Esping-Andersen wird in Deutschland fast nur von Politologen und Soziologen wahrgenommen, obwohl er international zu den gefragten Politikberatern zählt. Vielleicht liegt das Desinteresse deutscher Politiker daran, dass die meisten seiner Werke nur auf Englisch zugänglich sind. Mag ja sein, dass Englisch eine Weltsprache ist – aber vielleicht sieht es mit der Weltgewandtheit deutscher Politiker nicht so gut aus.

Als Einstieg empfiehlt sich ein kurzes Interview, das der österreichische Journalist Robert Misik auf seine Homepage gestellt hat. Titel: Warum brauchen wir einen neuen Wohlfahrtsstaat, Herr Esping-Andersen? (www.misik.at/die-grossen-interviews / warum-brauchen-wir-einen-neuen-wohlfahrtsstaat-herr-espingandersen.php, abgerufen am 10.10.2010).

Ebenfalls auf Deutsch: Herkunft und Lebenschancen. Warum wir eine neue Politik gegen soziale Vererbung brauchen. *Berliner Republik, 6/2003.*

Beeindruckend ist Esping-Andersens letzte große Monografie: Why We Need a New Welfare State. Oxford 2002.

Lesenswert sind zwei jüngere Aufsätze: Investing in Children and their Life Chances. Paper Prepared for the Fundacion Carolina International Workshop »Welfare State and Competitivity«. Madrid April 2007.

Childhood Investments and Skill Formation. *International Tax and Public Finance, 15/2008*, S. 19–44.

Kapitel 7: Mahnung der Hirnforscher
Kapitel 9: Im richtigen Moment

Was die internationale Entwicklungspsychologie inzwischen über Säuglinge weiß, liest man am besten bei Sabina Pauen nach: Was Babys denken. Eine Geschichte des ersten Lebensjahres. C.H. Beck 2006. Lohnend, gleichwohl wesentlich komplexer, ist der Band des Psychoanalytikers Martin Dornes, der in erster Auflage bereits 1992 erschien: Der kompetente Säugling. Fischer 2009.

Die eingängigsten Texte über die neuere Hirnforschung schreibt Gerald Hüther, Professor für Neurobiologie an der Universität Göttingen. Drei seiner Aufsätze finden sich in einem auch sonst anregenden Band, den Ulrich Herrmann herausgegeben hat: Neurodidaktik. Grundlagen und Vorschläge für gehirngerechtes Lehren und Lernen. Beltz 2006. Eines von Hüthers erfolgreichen populärwissenschaftlichen Büchern ist inzwischen in neunter Auflage erschienen: Bedienungsanleitung für ein menschliches Gehirn, Vandenhoeck & Ruprecht 2010.

Ein zweiter bekannter Hirnforscher der Bundesrepublik, Manfred Spitzer, hat ein Buch veröffentlicht, das die Gehirnforschung und verwandte Wissenschaften detailreich beschreibt: Lernen — Gehirnforschung und die Schule des Lebens, Spektrum Akademischer Verlag 2009. Spitzer spitzt ziemlich zu: Wer britischen Humor mag, wird von ihm gut bedient; wer es lieber klangvoll und (ein bisschen) pathetisch mag, sollte Gerald Hüther lesen. Und wer sich fragt, ob die Hirnforschung tatsächlich wesentlich Neues bringt, greift am besten zu dem von Ralf Caspary herausgegebenen Büchlein: Lernen und Gehirn, bei Herder 2010 in siebter Auflage erschienen. Darin schreiben Hüther, Spitzer und die skeptischen Entwicklungspsychologen Elsbeth Stern und Ralph Schumacher.

Und wer etwas über einzelne Projekte zu »frühen Hilfen« für gefährdete Kinder erfahren will, findet auf der Homepage www.fruehehilfen.de einen guten Einstieg.

Weitere Literatur zu Kapitel 7 und 9:

Akhtar, Nameera; Carpenter, Malinda; Tomasello, Michael: The Role of Discourse Novelty in Early Word Learning. *Child Development*, 67/1996, S. 635–645.

Caspi, Avshalom; McClay, Joseph; Moffitt, Terrie E.: Role of Genotype in the Cycle of Violence in Maltreated Children. *Science*, 297/2002, S. 851–854.

Caspi, Avshalom; Sugden, Karen; Moffitt, Terrie E.: Influence of Life Stress on Depression: Moderation by a Polymorphism in the 5-HTT Gene. *Science*, 301/2003, S. 386–389.

Currie, Janet: Early Childhood Education Programs. *Journal of Economic Perspectives*, 15/2001, S. 213–238

Fegert, Jörg; Schnoor, Kathleen; Kleidt, Stefanie; Kindler, Heinz; Ziegenhain, Ute: *Lernen aus problematischen Kinderschutzverläufen. Machbarkeitsexpertise zur Verbesserung des Kinderschutzes durch systematische Fehleranalyse.* Expertise im Auftrag des Bundesfamilienministeriums. Berlin 2008.

Kindler, Heinz: Wie kann ein Verdacht auf Misshandlung oder Vernachlässigung abgeklärt werden? In: Kindler, Heinz; Lillig, Susanna; Blüml, Herbert; Meysen, Thomas; Werner, Annegret (Hrsg.): *Handbuch Kindeswohlgefährdung nach §1666 BGB und Allgemeiner Sozialer Dienst (ASD)*. München 2006, S. 420–428.

Knoch, Daria; Pascual-Leone, Alvaro; Meyer, Kaspar; Treyer, Valerie; Fehr, Ernst: Diminishing Reciprocal Fairness by Disrupting the Right Prefrontal Cortex. *Science*, 314/2006, S. 829–832.

Kratzsch, Wilfried: *Netzwerk für den Kinderschutz*, Vorstellung eines Präventionsprojekts zur Vorbeugung von Vernachlässigung und Kindesmisshandlung. Vortrag in Solingen am 13.2.2008 (www.kindernotdienst.de/dokument/29_05/Netzwerk_Kinderschutz_Staedt_Kliniken_Solingen.pdf, abgerufen am 22.2.2011).

Leyendecker, Christoph (Hrsg.): *Gefährdete Kindheit*. Kohlhammer 2010.

Moll, Henrike; Tomasello, Michael: How 14- and 18-Month-Olds Know What Others Have Experienced. *Developmental Psychology*, 43/2007, S. 309–317.

Nelson, Charles; Zeanah, Charles; Fox, Nathan: Cognitive Recovery in Socially Deprived Young Children: The Bucharest Early Intervention Projekt. *Science*, 318/2007, S. 1937–1940.

Papousek, Mechthild: Psychobiologische Grundlagen der kindlichen Entwicklung im systemischen Kontext der frühen Eltern-Kind-Beziehung. In: Leyendecker: *Gefährdete Kindheit*, Kohlhammer 2010, S. 30–38.

Pauen, Sabina: Zeitfenster der Gehirn- und Verhaltensentwicklung: Modethema oder Klassiker? In: Herrmann, Ulrich (Hrsg.): *Neurodidaktik*. Beltz 2006, S. 31–40.

Weiß, Hans: Was schützt Kinder vor Risiken: Resilienz im Kleinkind- und Vorschulalter und ihre Bedeutung für die Frühförderung. In: Leyendecker: *Gefährdete Kindheit*, Kohlhammer 2010, S. 39–47.

Wellman, Henry M.; Cross, David; Watson, Julanne: Meta-Analysis of Theory-of-Mind Development: The Truth about False Belief. *Child Development*, 72/2001, S. 655–684.

Ziegenhain, Ute: Förderung der Beziehungs- und Erziehungskompetenzen bei jugendlichen Müttern. *Praxis der Kinderpsychologie und Kinderpsychiatrie*, 56/2007, S. 660–675.

Kapitel 10: Gleichheit? Bloß nicht!

Esping-Andersens Aufsätze sind oben schon erwähnt (Literatur Kapitel 6).

Aktuelle Ergebnisse der langfristig angelegten NICHD-Studie finden sich in folgendem Aufsatz: Belsky, Jay; Lowe Vandell, Deborah; Burchinal, Margaret; Clarke-Stewart, K. Alison; McCartney, Kathleen; Tresch Owen, Margaret: Are There Long-Term Effects of Early Child Care? *Child Development, 78* (2)/2007, S. 681–701.

Das IHDP-Programm für früh geborene Babys, das nur geringe Erfolge hatte, ist in einem Aufsatz von Marie C. McCormick, Jeanne Brooks-Gunn und anderen gut zusammengefasst: Early Intervention in Low Birth Weight Premature Infants: Results at 18 Years of Age for the Infant Health and Development Program. *Pediatrics, 117*/2006, S. 771–780.

Weitere Aufsätze über dieses Experiment:

Brooks-Gunn, Jeanne; Gross, Ruth; Kraemer, Helena; Spiker, Donna; Shapiro, Sam: Enhancing the Cognitive Outcomes of Low Birth Weight Premature Infants: For Whom Is the Intervention Most Effective? *Pediatrics, 89*/1992, S. 1209–1215.
McCarton, C.; Brooks-Gunn, J. et al.: Results at Age 8 Years of Early Intervention for Low-Birth-Weight Premature Infants. *Journal of the American Medical Association, 277 (2)*/1997, S. 126–132.

Kapitel 11: Irrwege
Kapitel 12: Australischer Absturz

Bita, Natasha; Fraser, Andrew: Imploding as Easy as ABC. *Weekend Australian*, 15.12.2008. S. 21 (als Beispiel für hunderte journalistische Texte, die in Australiens Zeitungen über den Konzern ABC Learning erschienen sind. Die besten davon erschienen im *Australian*).
Bündnis Kindergrundsicherung: *Kinder brauchen mehr. Vorschlag für eine Kindergrundsicherung.* Berlin 2009 (www.kinderarmut-hat-folgen.de).
Meiner, Christiane; Merten, Roland; Huth, Christoph: *Thüringer Kindersozialbericht.*

Jena 2009 (www.lssp.uni-jena.de/lssp_multimedia/_Publikationen/Thüringer_ Kindersozialbericht.pdf, abgerufen am 6.10.2010).

Naz, Ghazala: Effect of Cash-Benefit Reform on Immigrants' Labour Supply and Earnings. *Working Papers in Economics 13/06*. University of Bergen 2006.

OECD: *Babies and Bosses. Reconciling Work and Family Life. A Synthesis of Findings for* OECD *Countries*. Paris 2007.

Press, Fran; Woodrow, Christine: The Giant in the Playground: Investigating the Reach and Implications of the Corporatisation of Childcare Provision. In: D. King & G. Meagher (Hrsg.): *Paid Care in Australia: Profits, Purposes and Practices*. Sydney 2009.

Kapitel 13: Umwege

Bertelsmann-Stiftung: *Ländermonitor frühkindliche Bildungssysteme 2010*. Gütersloh 2010.

Diskowski, Detlef: *Länderübersicht Kita: Personalstandards*. Potsdam 2009 (www. mbjs.brandenburg.de/media_fast/5527/Personalstandards.pdf, abgerufen am 17.10.2010).

Diskowski, Detlef: *Länderübersicht Kita: Finanzierungsregelungen*. Potsdam 2009 (http://www.mbjs.brandenburg.de/media_fast/5527/Finanzierungsregelungen. pdf, abgerufen am 17.10.2010).

Rauschenbach,Thomas; Riedel, Birgit; Schilling, Matthias: *Regionale Unterschiede im Bedarf und Ausbauniveau der Kinderbetreuung*. Projektbericht (www.dji.de/cgi-bin/projekte/output.php?projekt=1007&Jump1=LINKS&Jump2=5, abgerufen am 17.10.2010).

Stadt München, Sozialreferat: *Münchner Familienprogramm*. Beschluss des Ausschusses für Jugend, Familie und Soziales vom 20.3.1980. Kapitel 5.2.1.: Förderung von Kinderkrippen. München 1980.

Struck, Julia; Wiesner, Reinhard: Der Rechtsanspruch auf einen Kindergartenplatz. *Zeitschrift für Rechtspolitik, 12/*1992, S. 452−456.

Kapitel 14: Zauberformeln
Kapitel 15: Die Aufsteigerrepublik

Currie, Janet: Early Childhood Education Programs. *Journal of Economic Perspectives, 15/*2001, S. 213−238.

Currie, Janet; Thomas, Duncan: Does Head Start Help Hispanic Children? *Journal of Public Economics, 74/*1999, S. 235−262.

Garces, Eliana; Thomas, Duncan; Currie, Janet: Longer-Term Effects of Head Start. *American Economic Review, 92/*2002, S. 999−1012.

Krauß, Günter: *Mehr Bildungsgerechtigkeit wagen. Überlegungen und Berechnungen zu einer Reform der Münchner Kita-Finanzierung*. Gutachten des Iska-Instituts für die Stadt München. Nürnberg 2005.

Laschet, Armin: *Die Aufsteigerrepublik. Zuwanderung als Chance*. Köln 2009.

Steinbach, Oliver: Kindergarten: der Gebühren-Wahnsinn. *Eltern, 4/*2008, S. 68–72.

Wietholz, Almuth: *Institutional Change under Adverse Conditions: Reforming Childcare in Germany — the Case of Migrant Integration*. Oxford 2010.

Wilkinson, Richard; Pickett, Kate: *Gleichheit ist Glück*. Berlin 2010.